La distance intime

Alain Delourme

La distance intime

tendresse et relation d'aide

"Re-connaissances"

DESCLÉE DE BROUWER

Collection "Re-connaissances"

Collection dirigée par Max Pagès et Fraga Tomazi

Nicole Aubert, V. de Gaulejac, K. Navridis (textes réunis par), *L'aventure psychosociologique.*

J. Barus-Michel, F. Giust-Desprairies, L. Ridel, *Crises, Approche psychosociale clinique.*

Michel Bonetti, *Habiter : le bricolage imaginaire de l'espace.*

Alain Bron et Vincent de Gaulejac, *La gourmandise du tapir. Utopie, management et informatique.*

Jean-Michel Fourcade, *Les patients-limites.*

Vincent de Gaulejac et Shirley Roy (sous la direction de), *Sociologies cliniques.*

Vincent de Gaulejac et Isabel Taboada Léonetti, *La lutte des places.*

Michel Legrand, *Le sujet alcoolique.*

Joyce C. Mills et Richard J. Crowley, *Métaphores thérapeutiques pour enfants.*

Max Pagès, *Psychothérapie et complexité.*

Marie L. Pellegrin-Rescia, *Des inactifs aux « travaillants ».*

Nielle Puig-Vergès, *Margaret Mahler. Une vie, une œuvre.*

Suzanne B. Robert-Ouvray, *Intégration motrice et développement psychique.*

Ernest Lawrence Rossi, *Psychobiologie de la guérison. Influence de l'esprit sur le corps.*

Jocelyne Vaysse, *Images du cœur.*
—, *La danse-thérapie.*

Laetitia Violet-Chartier et Michel Ravier, *L'homme aux voix. La névrose obsessionnelle.*

76 *bis*, rue des Saints-Pères, 75007 Paris
ISBN 2-220-03987-0

Je dédie ce livre à Jérôme Liss
ainsi qu'à Axel Anneville,
en hommage reconnaissant.

Sommaire

II. LE TISSAGE DU LIEN

III. LA DISTANCE INTIME

AVANT-PROPOS

La relation au cœur du changement

La relation est un questionnement si fort et si décisif qu'il mérite de figurer en première place d'un projet thérapeutique. Il n'existe rien ni personne qui ne soit relié. Aucun sujet ne peut vivre bien sans le lien d'implication affective réciproque. Les problèmes de communication, la solitude subie et douloureuse, la difficulté d'aimer ou la croyance de n'être pas aimable sont des plaintes fréquentes lors des demandes de psychothérapie. Un sentiment d'identité fragile et une difficulté à donner du sens à sa vie viendront souvent compléter ces premiers motifs du projet de changement.

Dans tous ces cas, c'est dans la relation que se vivra la répétition des décalages et des souffrances et c'est par la relation que les voies de dégagement trouveront à s'exprimer. La question d'autrui et de son statut à l'intérieur de nous mène souvent à un silence de perplexité : autrui est-il véritablement la source de nos inhibitions et de nos frustrations ou bien seulement le dépositaire de nos projections ? A la fois étranger et familier, autrui nous fait autant résonner que raisonner et les phénomènes interactionnels, largement imprévisibles car dépendants en grande partie des dynamiques individuelles, sont à saisir au moment même de leur production.

Le changement résidera bien souvent dans la capacité offerte au patient et utilisée par le psychothérapeute d'*oser d'autres modes d'engagement relationnel.* Cette autre manière d'entrer en contact va enrichir la relation à soi-même, la relation aux autres et les rapports entre ces deux niveaux, rapports entre le dedans et le dehors qui restent le noyau de la visée clinique.

Une psychothérapie pleinement relationnelle, étayée philosophiquement et psychologiquement, reste à décrire et à théoriser. Dans ce livre, je participerai à cette description et à cette théorisation en étudiant le lien interhumain spécifique qui s'instaure entre une personne qui effectue une psychothérapie et son accompagnateur.

Ce passionnant sujet de la relation prend appui sur un certain nombre d'expériences personnelles et professionnelles qui m'ont amené à progressivement comprendre que *le sujet se constitue à partir de la relation*. A la fois individu singulier et être universel, le sujet est une existence incarnée qui ne peut prendre conscience et connaissance de son identité que dans le cadre d'interactions avec d'autres personnes. D'emblée, dès les premières heures de sa vie, l'être humain communique et interagit. Tourné vers le monde et vers autrui, il doit apprendre à s'ouvrir tout en se constituant une intériorité. Il doit également pouvoir se fermer sans s'enfermer, c'est-à-dire sans renoncer à communiquer avec l'extérieur. Les troubles qui pourront l'affecter ultérieurement seront souvent à mettre en rapport avec des perturbations de la vie interactive, par exemple le trop grand niveau énergétique de celle-ci ou au contraire son manque d'intensité, ou le fait que les partenaires n'arrivent pas à accorder ensemble leurs rythmes respectifs. C'est pourquoi la psychothérapie doit donner une place majeure au travail de la relation et à l'exploration des modalités d'implication ou de retrait propres à chacun.

Ce que la psychothérapie restaure ainsi, ce sont les capacités à communiquer et à aimer. Nous explorerons ensemble quelques manières d'effectuer ce délicat travail. Critiquant les théories qui chosifient la personne, qui tendent à la considérer comme un objet, nous tracerons une voie qui nous mènera de l'objet au sujet c'est-à-dire du patient à l'agent puis de l'agent à l'auteur car c'est l'individu lui-même qui est le créateur de son parcours.

Mon travail s'étaie sur le constat clinique suivant : la portée d'un travail thérapeutique ne résulte pas tant des choix techniques du psychothérapeute ou de ses élaborations théoriques, même si les deux sont nécessaires, que de son intelligence sensible et de la manière dont il s'implique dans la relation. Ceci méritait un travail d'explicitation qui fera appel autant aux philosophes Husserl, Buber et Misrahi qu'aux psychologues Freud, Rogers et Pagès.

Outre l'interface entre la réflexion philosophique et la relation d'aide, je travaillerai également certains aspects de l'articulation entre la psychanalyse freudienne et les thérapies psycho-corporelles. En effet, l'implication relationnelle et les techniques actives de communication que je soutiens se trouvent au cœur même d'approches thérapeutiques qui, bien que regroupées sous les formules générales de « thérapies psycho-corporelles » ou « thérapies nouvelles », revêtent des formes et des intitulés très divers : bio-énergie, gestalt-thérapie, rebirth, etc. Je ne prendrai pas la défense de ces méthodes car la dimension technique est secondaire, et de plus leur valeur repose largement sur celle des thérapeutes qui les utilisent, mais j'aborderai spécifiquement un questionnement qu'elles actualisent : quelles sont les conséquences de l'implication relationnelle, considérée dans ses aspects émotionnels et communicationnels, sur le processus de changement ?

Mon projet est donc aussi de participer à l'édification théorique de ces pratiques thérapeutiques en développant les points de vue suivants : premièrement, l'implication relationnelle entraîne l'émergence chez le patient d'émotions, de fantasmes et de pensées dont la prise de conscience est alors facilitée ; deuxièmement, la valeur thérapeutique du lien se trouve soutenue et renforcée par un travail réflexif visant la compréhension, l'élaboration et l'intégration des problèmes travaillés.

Disons-le d'emblée : la position optimale ne sera pas la systématisation d'un engagement relationnel pas plus que la systématisation d'une neutralité relationnelle mais la recherche d'une articulation féconde entre ces deux modalités de la rencontre. La *distance intime* entre patients et psychothérapeutes est paradoxale : elle repose autant sur l'implication affective et l'intimité psychique des échanges que sur la distanciation réflexive et le détachement.

La relation peut bien sûr avoir différentes valeurs selon les patients, selon les psychothérapeutes, selon leur alliance mais aussi selon les moments de la psychothérapie. J'examinerai ces différents apports et notamment la fonction de *dégagement* de modes de fonctionnement trop enfermants vers d'autres modalités d'existence davantage axées sur l'ouverture.

La méthode qui va progressivement se dessiner sera celle d'une psychothérapie expérientielle, relationnelle et réflexive. Il ne s'agira pas de donner la primauté à l'expérience par rapport au sens ni, ce qui serait l'autre extrême, aux significations par rapport au vécu. Il ne s'agira donc pas de privilégier l'action et la sensation au détriment de la réflexion mais de travailler à articuler davantage ces différents niveaux dans un projet de meilleure intégration.

Ce livre a été rédigé le plus possible à la première personne car la thèse que j'y développe m'est personnelle. Prônant l'implication et la responsabilisation, il m'a paru cohérent d'assumer le plus clairement possible mes prises de position tant cliniques que théoriques.

I
L'implication

1
L'implication du patient

Afin que les considérations théoriques soient clairement reliées à la pratique concrète, je vais présenter et étudier une partie du parcours thérapeutique de deux personnes, Julien dans ce premier chapitre et Blandine dans le chapitre 4. Les données issues de la pratique quotidienne de la psychothérapie sont inépuisables mais, pour ne pas surcharger la partie clinique, les autres présentations seront plus succinctes et focalisées sur des points spécifiques.

Entrons avec Julien dans le vif du sujet...

Julien : des passages à l'acte solitaires aux actes de passage accompagnés

Julien est un homme d'une trentaine d'années qui, ayant décidé de consulter, a cherché dans le bottin les coordonnées d'un psychologue exerçant dans la ville où il résidait. Rendez-vous fut pris avec moi. Dès le premier contact, Julien me fait forte impression : grand, les épaules larges, il est vêtu d'un jean serré et défraîchi, d'un blouson de cuir « perfecto » et de tennis usagées. Ses cheveux sont noirs, longs et raides. Son visage mince semble taillé à la serpe tellement le relief en est marqué. Mais ce qui m'impressionne le plus, ce sont ses yeux : exorbités, ils expriment incontestablement de la peur.

D'emblée, je ressens que si un travail psychothérapique s'engage, il devra être mené avec de grandes précautions car sa problématique est lourde et les émotions latentes très intenses : non de la tristesse mais du désespoir, non de la colère mais de la haine.

Ce jour-là, Julien me parlera d'un accident de voiture survenu un an plus tôt : alors qu'il était seul et conduisait ivre, il manque un virage et se retrouve comateux à l'hôpital où il aurait été déclaré mort quelques instants. Parlant de cet événement, il dira : « *J'ai perdu mon meilleur ami* », désignant ainsi une partie aimée de lui-même. Il lui en restera aussi des séquelles physiques : troubles de la mémoire, perte de la capacité à sentir les odeurs et les goûts (il était alors cuisinier). Traumatisé par cet accident qu'il citera longtemps comme la cause de ses difficultés à vivre, il s'en était ouvert à un médecin qui lui avait parlé de sinistrose, terme qu'il conserve alors comme diagnostic de son état (la sinistrose est une exagération de l'infirmité liée à un accident avec tendances revendicatrices) tout en restant dubitatif : « *Est-ce vraiment ça ? N'y a-t-il rien eu avant ?* »

Invité alors à me parler de sa vie avant l'accident, il évoquera son père prolétaire et rustre qui le battait chaque soir sur injonction de sa mère, décrite comme paranoïaque et alcoolique. Tableau sombre que Julien brosse froidement. Les affects semblent absents, plus exactement ils sont perceptibles mais sans être communiqués explicitement. Ce que je ressens concerne une profonde détresse qui, bien qu'emmurée, sourd en lui et circule secrètement pendant notre rencontre.

Julien avait quitté le domicile familial à dix-sept ans et n'avait depuis donné aucun signe de vie aux membres de sa famille (les parents, une sœur aînée, deux frères cadets), et n'en avait pas reçu non plus de leur part. Cet isolement affectif, d'autant plus fort que dans son monde psychique les liens semblaient également peu vivants, se trouvait au cœur de son mal de vivre. Ouvrier, il vivait avec une femme assistante sociale avec laquelle il communiquait peu.

Le deuxième rendez-vous sera marqué par le thème de la mort. Il y pense fréquemment et me déclare : « *Si dans un an, ça va pas mieux, je me fous en l'air.* » Au-delà de l'allure provocante de cette annonce, je la ressens profondément investie et réalisable. Sa plainte dominante étant de ne rien ressentir, je lui propose ce jour-là de s'allonger, moi assis dans un fauteuil à côté de lui, de chercher à se détendre et, tout en respirant profondément mais calmement, de partager avec moi son vécu. Julien semble touché par cette situation car sa parole, jusque-là rapide et nerveuse, souvent argotique, s'adoucit et il me communique qu'il écoute avec plaisir de la musique au casque et, il l'exprime avec gêne, que certaines chansons comme *Jonathan* du chanteur Renaud lui font venir les larmes aux yeux. Il a alors les yeux mouillés et je le vois se crisper et limiter sa respiration. Je réitère ma proposition visant la détente sans insister davantage.

Il ne viendra pas aux séances suivantes et je me dis que le travail a été émouvant trop tôt, qu'il a probablement ressenti de l'appréhension et qu'il ne reviendra peut-être pas. Il sera toutefois présent au cinquième rendez-vous pendant lequel il exprimera sa décision véritable d'« *entamer une psychothérapie* » (selon l'expression qu'il utilisera souvent, même après deux ans de travail). Comme il ne me parle que de son accident, je commence à percevoir celui-ci comme une fixation, un traumatisme-écran l'empêchant d'aborder des événements antérieurs. De toute façon, il n'a « *aucun souvenir avant* ».

A la séance suivante, il me déclare tout d'abord n'avoir pas eu envie de venir puis me fait part de son désir que nous passions vingt-quatre heures ensemble. Il pourrait ainsi me faire écouter ses disques et m'inviter à lire ses bandes dessinées. J'entends qu'il veut me faire connaître et apprécier son intérieur, et plus encore son intériorité, les belles choses qu'il possède et qui le représentent. Cet écho de l'investissement de lui-même et de notre relation est positif. Je lui exprime alors l'intérêt thérapeutique que nous pourrions trouver à passer ensemble un temps plus long que les trois quarts d'heure de la séance mais décline sa proposition.

Les séances suivantes vont révéler certains éléments pathologiques que je résume. Il s'agit tout d'abord de sa violence. Autrefois videur de boîtes de nuit, Julien se bat fréquemment et pour des raisons parfois bénignes : que quelqu'un le regarde de travers dans le métro et une bagarre peut s'ensuivre. Complémentairement, il s'agit de conduites asociales qui l'ont mené trois fois en prison : un premier « *séjour* » de quinze jours, à dix-sept ans, pour vol de voiture ; un deuxième d'une année, il a alors vingt et un ans, pour cambriolage et bagarre avec les gendarmes venus l'arrêter ; un troisième de quatre mois pour un délit dont il ne dira rien. Parmi les conduites problématiques, citons aussi le recours erratique à des drogues diverses.

Tout cela me sera présenté avec l'intention évidente de m'inquiéter, ce qui s'avérera réussi, mais aussi avec une certaine gloriole que je finirai par lui renvoyer. Nous découvrirons en analysant sa fierté quand il effectuait le récit de ses méfaits que Julien s'était façonné un personnage de baroudeur libéré, aimant les voyages, les virées avec les copains, ne quittant une petite amie que pour aller vers une autre, et surtout ne s'autorisant que de lui-même, ne recevant d'ordre de personne.

Or, l'accident de voiture a mis un terme à ce mode d'existence dont il se satisfaisait : il s'apprêtait à l'époque, après avoir quitté sa dernière partenaire dans ce but, à partir avec un copain en Guyane, pour « *faire la route* ». L'accident est donc bien un traumatisme, pas seulement parce qu'il fut grave et critique sur le plan vital, mais aussi parce que Julien ne retrouvera jamais cette image de lui-même. Sortant de l'hôpital, il est sans emploi (il aimait son poste de cuisinier qu'il avait obtenu après plusieurs années de petits métiers ; il en était fier), et s'aperçoit que la femme qu'il avait laissée non seulement s'en était vite remise mais vivait maintenant avec son meilleur ami, double tromperie qui le laissera très amer et surtout plein de haine. Et il ne peut plus jouer son personnage car il ne prend plus plaisir à passer ses soirées avec des copains qu'il finira d'ailleurs par ne plus fréquenter.

Et voilà Julien seul, en crise car conscient du caractère factice de ses plaisirs antérieurs et profondément affecté par tout ce qu'il a perdu, vivant une profonde blessure existentielle, ne sachant plus qui il est, n'acceptant pas sa nouvelle image de « *légume passant des heures amorphe devant la télé* » et envisageant la mort comme issue libératrice.

Toutefois, deux éléments éclairent ce tableau : premièrement, sa demande d'aide et l'accrochage affectif solide qui le relie déjà à moi, deuxièmement, sa haine mobilisée par le double abandon dont il fut l'objet de la part de son ancienne compagne et de son meilleur ami. Son projet dont il parlera longtemps est de retourner dans la ville de province où ils résident et de se venger en les agressant. Je cite cette haine comme élément positif car elle est l'expression d'une grande vitalité : quand il l'exprime, il devient très volubile et animé. Je me dis alors que si nous arrivons à canaliser cette violence de telle manière qu'il n'y ait pas de passage à l'acte sans pour autant que cette force vive soit refoulée, Julien pourra disposer au mieux pour lui de cette énergie désormais libérée de son poids mortifère. De plus, j'interprète cette fureur, sans encore le lui dire, comme l'écho actualisé d'une violence première contre les personnages parentaux dont il ne parle absolument pas au début de sa thérapie, n'envisageant pas de lien entre son histoire infantile sur laquelle il a « *tiré un trait* » et ses déboires actuels.

Un important travail psychothérapique s'imposait donc et je me sentais tout à fait disposé à aider Julien, bien que conscient que quelque chose en lui se satisfaisait de cette situation critique et que la force de ses résistances serait proportionnée à la rigidité de sa structure. Je considérais d'ailleurs la seule thérapie individuelle comme rude et insuffisamment efficace. Un groupe thérapeutique faciliterait à mon sens la prise de conscience et l'acceptation, étapes préalables au dégagement, de traits de caractère (orgueil, méfiance, égocentrisme) et de mécanismes de défense ou d'évitement (dénégation, projection, passages à l'acte) qu'il ne pouvait lucidement appréhender. Le groupe pourrait aussi lui permettre d'intégrer progressivement des règles de protection, de s'ouvrir à un partage émotionnel moins pollué par la crainte d'anéantissement et de découvrir une solidarité constructive.

Après une dizaine d'entretiens individuels, je lui ai donc proposé de participer au groupe continu que je coanime avec une collègue au rythme d'un week-end par mois, tout en maintenant le travail individuel (une séance par semaine). Dans ce groupe de psychothérapie expérientielle, relationnelle et analytique, je tente une articulation entre la psychanalyse et les thérapies psychocorporelles plus ouvertes à l'activation et au travail de la relation.

Commençons à préciser cette articulation.

Freud, à Budapest en 1918, comparait la psychanalyse à de l'« or pur » (traduction française dans *La technique psychanalytique*, p. 141). Qu'au début du siècle, il ait cru inventer une méthode supérieure n'est d'ailleurs pas pour nous choquer car sa création est effectivement précieuse, mais aujourd'hui il n'est plus souhaitable de considérer cette discipline, pas plus qu'une autre, sous un angle de perfection pour deux raisons essentielles :

— premièrement, des études comparatives incitent à la prudence en suggérant que les différentes méthodes se valent sur le plan des résultats thérapeutiques et qu'aucune n'a de privilège dans ce domaine (Gérin, 1984, 1992). La cure psychanalytique est certainement un cadre rigoureux mais ne peut se poser pour autant en modèle idéal et exclusif ;

— deuxièmement, la recherche de pureté dans le domaine interhumain est un projet risqué : nous savons bien maintenant que quand un système veut être pur, que ce système soit une théorie, une pratique, un homme ou un groupe humain, il rompt progressivement les liens avec l'extérieur et grève ainsi considérablement son avenir. Il a généralement une période de développement et de purification puis, progressivement mais inéluctablement, il se recroqueville sur lui-même et soit il s'autodétruit (un suicide par exemple) soit il est neutralisé (c'est ce qui s'est produit pour les fanatiques nazis). On ne peut sans risque vouloir être plus pur et plus fort que les voisins. Les théories dans le champ des sciences humaines suivent parfois un scénario identique, c'est pourquoi le maintien du dialogue avec les disciplines voisines et l'acceptation de remises en cause sont des nécessités pour survivre et se développer.

Aussi, ce qui m'apparaît comme une source d'enrichissement en clinique est non pas la pureté d'une méthode mais l'alliage, ou l'alliance, entre des théories issues de champs différents, notamment la psychologie et la philosophie, et aussi entre des méthodes différentes à l'intérieur même du champ clinique. De ce deuxième point de vue, les approches corporelles et émotionnelles tirent profit de la confrontation avec la psychanalyse car leurs thèses restent peu conceptualisées. Ceci ne dérive pas seulement du fait que leurs fondateurs seraient meilleurs praticiens que théoriciens (tel que Lowen pour la bio-énergie ou Perls pour la gestalt-thérapie), mais aussi de l'essence infra-linguistique, non langagière de certains éléments sur lesquels elles influent. De l'autre côté, les conceptualisations de la psychanalyse gagnent elles aussi à côtoyer ces pratiques singulières qui sont davantage adaptées à l'affrontement d'insuffisantes capacités de communication et de mentalisation.

Je développerai plus loin ce point mais pour l'instant, adoptons cette position générale pour approcher Julien et comprendre sur une base clinique comment des approches hétérogènes peuvent se compléter. Précisons-le tout de suite, la psychothérapie de Julien fut globalement positive mais insuffisante. J'ai choisi de la présenter non pas parce qu'elle serait exemplaire mais parce qu'elle me semble bien illustrer l'intérêt, face à un patient difficile, d'une *adaptabilité du cadre et de la relation offerts par le thérapeute.*

Julien et le groupe

Le groupe thérapeutique est une expérience à la fois intensive et durable puisqu'elle est ramassée dans le temps, deux jours en ce qui concerne mes groupes actuels, et s'échelonne sur plusieurs mois ou plusieurs années au rythme d'une session par mois. On y travaille tout autant le présent que les problèmes du passé et la construction de l'avenir. Pendant les sessions, les participants vont d'une part exprimer leurs sentiments, leurs émotions, leurs réactions les uns par rapport aux autres et d'autre part poursuivre le travail entrepris en séances individuelles. Ils vont donc se centrer sur la dynamique et l'évolution de leurs relations dans l'ici et maintenant du groupe et, parallèlement, sur la poursuite de l'analyse de leur mode d'être.

Ces groupes sont généralement hétérogènes (âge, sexe, culture...) et l'enrichissement des participants qu'ils favorisent s'effectue non par l'évitement des différences mais par leur exploitation. Le plus gros de l'effort consiste bien souvent à dénouer le sentiment de culpabilité, à diminuer la honte, la gêne, la peur de l'échec, du jugement, etc. Il faut alors affronter les blocages à l'ouverture et les difficultés à s'assumer en présence des autres. Par exemple, oser s'exprimer devant un groupe socialise le ressenti intime qui peut alors être dédramatisé et réintériorisé sous une forme plus facilement admissible. Exposer en groupe son besoin, c'est donc faciliter son acceptation, s'en sentir intérieurement et socialement le droit. Il s'agit de *créer un climat tolérant et accueillant* permettant à chacun d'exprimer ses difficultés, d'abandonner les images sociales et les rôles dans lesquels il se réfugie habituellement, pour s'ouvrir à la possibilité d'une communication plus profonde et plus *authentique*.

Cette expérience est souvent nouvelle et parfois novatrice car favorisant la prise de conscience de la manière dont l'individu interagit et le changement de ses modes communicationnels. Pour que la personne qui pense son existence puisse l'améliorer, il lui faut d'abord être en situation relationnelle vive. Le groupe thérapeutique correspond pleinement à cette nécessité. Il est l'espace par excellence pour l'investigation implicante de la séparation et de la participation, de l'exigence critique et de l'acceptation.

Donnons-en un exemple avec Julien.

Dans le groupe, Julien a une manière particulière d'être avec nous. Physiquement, il est très « présent » : il parle fort et vite, il tousse beaucoup, il remue bruyamment, il tapote souvent et avec agacement sur ses mains, il écrit sur son cahier en appuyant si fort sur le crayon que tout le groupe entend qu'il griffonne nerveusement. Bref, il est là et nous sommes contraints d'en prendre souvent conscience.

Psychiquement par contre, il paraît indifférent à ce qui se dit ou s'échange. Le regard fixe, il semble ailleurs ou concentré sur ce qu'il écrit, et ceci même si une personne du groupe communique une émotion forte, par exemple crier son désespoir ou sa haine. J'aurai souvent l'impression dans ces moments-là d'un masque destiné à feindre une absence psychique, mécanisme de protection à reconnaître bien sûr, et d'une certaine manière à respecter, mais que je ne souhaitais pas cautionner par le silence. D'autant plus qu'interrogé sur ce qu'il avait vécu, il répondait invariablement qu'il n'était pas là, qu'il ne sentait rien par rapport au thème travaillé par les autres et associait tout de suite sur un monologue consacré à sa solitude, sa souffrance de n'être pas aimé, etc. Le tout était déclamé sur un ton à la fois énervé et amusé : comme si, dans ce numéro dramatique, il nous jouait un bon tour. Il avait été touché par ce qui s'était partagé dans le groupe mais il ne voulait pas reconnaître cette influence des autres sur sa vie intérieure ou plutôt *il ne savait pas repérer cette résonance émotionnelle et mentale en lui et la nommer.*

De nombreux travaux de Julien furent alors consacrés à la prise de conscience de cet écho en lui de la présence vivante et émouvante du groupe dans sa globalité et dans ses individualités. Il s'agissait pour l'essentiel de stopper son discours fleuve, et inutile car répétitif et récité, consacré à ses malheurs et à sa solitude, pour l'engager dans la reconnaissance qu'ici, il n'était pas seul, qu'il ressentait des choses par rapport à nous mais ne savait pas utiliser positivement cette situation nouvelle et la réceptivité souvent bienveillante des personnes présentes. Le passé et ses traumas semblaient trop collants pour qu'il puisse renoncer à la souffrance, profonde sans aucun doute, et aux bénéfices de celle-ci.

Le groupe thérapeutique à la fois excitant et calmant

Le groupe, par la présence d'hommes et de femmes communiquant entre eux au sujet de leur vie privée, et souvent d'éléments intimes de celle-ci, est excitant pour Julien en ce sens qu'il s'y trouve envahi par des sensations et des émotions qu'il ne sait pas gérer.

Par exemple, il était question un jour dans le groupe de la féminité et de ce que cela signifiait pour les femmes présentes, l'avis des hommes (deux en plus de moi) n'étant pas sollicité dans un premier temps. Alors que les femmes évoqueront assez longuement et concrètement leur sexualité, Julien restera silencieux pendant les deux heures environ consacrées par le groupe à ce thème puis se lèvera soudainement, au milieu de la phrase d'une participante, et très énervé nous déclarera : « *Moi, j'ai rien à faire ici, j'ai eu beaucoup de partenaires, j'ai jamais eu de problème de sexe, je peux parler de tout ça sans problème...* » Intrigué par l'écart flagrant entre ce qu'il proclamait, l'absence de difficultés, et sa colère très grande, je lui exprimai mon interrogation et obtins en retour une rafale de phrases sifflantes mais aucune information sur les raisons de cette colère.

Il se trouvait alors debout, les jambes écartées et très vibrantes. A quoi pouvaient correspondre ces vibrations ? A de l'excitation ? De la colère ? De la peur ? Un mélange de tout cela, m'a-t-il semblé. Quoi qu'il en soit, soucieux de cadrer le travail, je n'insistai pas à ce moment-là car sa manière de se lever, de se mettre debout au centre du groupe, vibrant d'excitation mal contenue, était une fois de plus une action l'empêchant d'élaborer avec nous sur le thème évoqué par le groupe, thème sexuel discuté très concrètement, ce qui l'avait visiblement troublé.

Il réagissait à ce qu'il avait vécu comme une provocation verbale par une provocation agie. Je lui suggérai de prendre conscience de ce que son état extérieur pouvait révéler de son vécu interne, d'y réfléchir et lui proposai de le travailler plus tard. Je redonnai ensuite la parole à la personne qui avait été interrompue. C'est notamment en cela que le groupe et moi sommes calmants : nous avons aidé Julien à mieux gérer les quantités d'excitations qui l'assaillaient. Il apprendra progressivement à agir sans dommage, à contenir sa spontanéité et à différer ses actions. Il parviendra ainsi à mieux gérer intérieurement et extérieurement ses affects.

Précisons un point important : je cherche à lui faire prendre conscience de ce qui le pousse à agir, je ne lui interdis pas d'agir. Au contraire, lors de séances antérieures, quand je le sentais en proie à des affects mal gérés, je lui avais même plusieurs fois suggéré de se lever et de bouger au lieu de rester immobile et coincé. Pourquoi exprimer ces propositions d'action ? Premièrement pour que Julien ne s'installe pas dans un malaise grandissant l'amenant à des débordements comportementaux sabotant le travail. Je l'avais vu suffisamment de fois opérer ainsi pour décider d'y mettre une limite. Ce scénario répétitif signalait sa difficulté à filtrer et apprivoiser ses excitations, et je tentais parfois de l'aider à doser les quantités énergétiques qui l'habitaient en lui faisant des propositions concrètes visant une alternance plus efficace des temps passifs et des temps actifs. Deuxièmement, ces actions sont proposées pour favoriser la prise de conscience de ce mécanisme d'excitation non contrôlée et source de jouissance douloureuse. Il s'agit ici de favoriser la mise en acte pour pouvoir travailler ce qui est agi.

C'est d'ailleurs un axe essentiel de mon propos clinique : *la situation actuelle et la présence physique des participants peuvent être utilisés pour consolider le fonctionnement mental de chacun.* Cette situation groupale permet l'actualisation de comportements et de fantasmes qui deviennent modifiables dans l'immédiat de la séance mais aussi dans la perspective d'un processus à plus long terme.

Il est très intéressant qu'après une mise en acte la personne dispose de temps dans le groupe pour se concentrer sur ce qui vient d'être vécu, pour l'élaborer intérieurement puis le partager verbalement avec le thérapeute et les personnes présentes.

Prenons un autre exemple : un jour qu'il se trouvait très énervé, Julien s'était levé pour arpenter nerveusement la salle en maugréant à voix basse puis, soudainement, avait envoyé un violent coup de poing dans le mur. Or, je pose dans le groupe une règle qui est écrite dans un document que chaque patient possède et que je verbalise toujours au début du premier groupe et qui est une règle de protection : il est interdit d'agresser physiquement les personnes présentes, y compris soi-même, et de détériorer le matériel du centre où nous nous trouvons.

Cette consigne préserve tout autant l'espace psychique que l'enveloppe physique des participants. Le travail proposé concerne principalement l'exploration de l'univers intérieur de chacun, parfois ébranlé par la confrontation aux autres surtout dans un contexte thérapeutique dans lequel chacun s'efforce de laisser tomber les masques pour s'ouvrir à des interactions authentiques, souvent moins polies, moins bridées par la socialisation et la censure. Si une personne ressent de la colère envers elle-même, envers un participant du groupe ou un membre de sa famille, je lui propose généralement d'exprimer verbalement et/ou physiquement cette émotion. Mais *nous visons le remaniement psychique par exploration de l'univers interne tel qu'il s'actualise dans les échanges, nous ne visons pas le défoulement*. Celui-ci est un moyen parfois utilisé et non pas une fin. Il existe, pour faciliter l'extériorisation du monde interne et permettre l'expression émotionnelle, des matelas et des coussins disponibles ainsi qu'une partie d'un mur sur lequel a été appliqué un gros matelas en mousse afin de pouvoir le frapper en position debout. En cognant du poing sur un mur non protégé, Julien enfreint doublement cette règle : il peut s'endommager la main mais aussi abîmer le mur du centre où nous travaillons. Car

Julien est dans la jouissance de la transgression. Le terme « jouissance » ne signifie pas qu'il y a satisfaction pleine mais que quelque chose en lui se satisfait, quelque chose de négatif.

Dans une telle situation, le passage contrôlé par l'agir peut consister à frapper avec force mais en toute sécurité le matelas posé au mur. Il s'agit d'une *position intermédiaire entre interdire l'action* (ce qui favorise chez Julien les passages à l'acte violents) *et laisser faire*. Cet agir cadré permet la prise de conscience de ce qui se communique et de ce qui se satisfait, notamment du fait du regard groupal que Julien au bout de quelques mois finira par accepter. Ce n'est plus « *un groupe de nuls ne comprenant rien* » qu'il a face à lui, et surtout contre lui car son vécu persécutif est tenace, mais un groupe de pairs lui adressant avec implication des commentaires généralement non agressifs mais parfois irrités et lui renvoyant des éléments de sa réalité d'une part, et de la réalité de leurs échanges d'autre part.

La situation groupale favorise la structuration individuelle notamment par le travail sur le réel qu'elle rend possible. Le contact avec le réel, c'est-à-dire avec la situation concrète actuelle et notamment avec la présence physique des participants, vise à provoquer une distanciation vis-à-vis des constructions imaginaires et une rupture de la tendance à répéter encore et encore les mêmes erreurs. En ce qui concerne Julien, il pourrait paraître paradoxal de faire agir un patient dont la pathologie consiste justement à passer à l'acte. C'est au contraire une *indication* de ce type de travail.

Car la différence entre des passages à l'acte chaotiques effectués dans un quotidien solitaire mal supporté et des agirs réalisés dans un groupe solidaire et dans un cadre dont la structure reste fixe (le lieu et les règles de travail) avec un dispositif interne mobile, cette différence, le patient va la vivre puis progressivement l'identifier et l'intégrer. Ce fut le cas pour Julien dont les passages à l'acte violents ont diminué dans sa vie au bout de deux ans environ de travail. Il avait encore de fortes pulsions agressives mais semblait psychiquement mieux équipé pour y faire face et les canaliser. Et puis il venait m'en parler quand cela lui arrivait encore, montrant par là que le lien l'aidait à calmer ce qui bouillonnait en lui.

Une des vertus fondamentales des modalités actives de travail thérapeutique est donc la possibilité de s'appuyer mentalement et concrètement sur les personnes présentes, et pas seulement sur ce qu'elles représentent symboliquement. Ces relations permettent la révision d'images de soi constituées historiquement, dans l'enfance, mais progressivement modifiables dans l'actualité des échanges.

Julien, dans son travail thérapeutique, actualisait donc et poursuivait le processus de constitution d'une image juste de lui-même. Ceci nécessita la reconnaissance que les autres ne se réduisaient pas à la somme des projections qu'il effectuait sur eux, projections qui lui étaient souvent renvoyées. Cet effet boomerang est surtout intéressant par le travail qui s'accomplit dans le temps intermédiaire entre le moment où la projection est lancée et le moment de son retour : un travail d'apprentissage, de prise de conscience, s'effectuait alors qui lui permit de ne pas recevoir ce boomerang en pleine figure car cela, il y était habitué et d'une certaine manière il l'attendait. Ce travail lui a permis aussi de ne pas perdre ce qui était projeté. Car le vécu de perte était certainement un affect dominant chez ce patient qui ne savait pas conserver ce qu'il y avait de bon en lui et dans la relation. Ainsi, quand il recevait dans le groupe des compliments ou des caresses, soit il les oubliait dans les minutes ou les heures qui suivaient, soit il les transformait en mettant en doute l'authenticité de ceux qui les lui avaient communiqués. Je le cite : « *Ils se disent, le pauvre Julien il est là en train de quémander de l'amour, on va lui donner quelque chose, ça le calmera...* »

Diversité et complémentarité des approches

En nous référant à des points de vue théoriques différents, nous pouvons faire plusieurs présentations de Julien. Nous pouvons notamment effectuer :

— une description *psychopathologique* : il s'agit d'un patient « borderline », c'est-à-dire frontalier entre la structure névrotique et la psychose, qui présente une polysymptomatologie clinique (comportements psychopathiques, personnalité schizoïde, narcissisme écorché, mécanismes de défense paranoïdes);

— une description *psychanalytique freudienne* : son Moi n'est qu'apparemment constitué, l'objet n'existe que s'il lui permet d'assurer la toute-puissance de son contrôle sur lui. Le rapport sujet-objet est incertain et à l'omnipotence s'ajoute l'isolement. Julien semble identifié à un objet idéal préambivalent — moi idéal et non surmoi — tout en étant confronté à un mauvais objet excitant et frustrant qu'il a incorporé et qui le fait recourir systématiquement au clivage;

— une description *psychanalytique kleinienne* : il existe chez ce patient une envie primaire du sein, c'est-à-dire une avidité orale dont les composantes destructrices tendent à prévaloir. Au clivage s'ajoutent la projection et l'impossibilité de quitter la phase paranoïde-schizoïde pour vivre la phase dépressive. La culpabilité ne peut être élaborée et la réparation reste inaccessible;

— une description *piagétienne* : il y a excès d'assimilation ne respectant pas la réalité de l'objet et, comme corollaire, manque d'accommodation objective. Globalement, Julien s'adapte aux réalités externes mais ses accommodations dénotent un système répétitif donnant à ses actions l'apparence fréquente de stéréotypes ayant plus pour fonction de décharger l'angoisse que de rechercher des conditions relationnelles satisfaisantes;

— une description *bio-énergétique* : les principales zones de tension musculaire de Julien, sa configuration corporelle générale ainsi que ses blocages émotionnels indiquent la schizoïdie comme type dominant de sa structure, et le genre psychopathe dominateur comme composante seconde (précisons que cette typologie doit être considérée pour ce qu'elle est, à savoir une classification des positions défensives psycho-corporelles et non un étiquetage des individus eux-mêmes).

Ces présentations sont succinctes et la liste non exhaustive : en fait, nous pourrions obtenir autant de discours sur Julien qu'il existe de doctrines. Pourraient par exemple être ajoutées des descriptions gestaltistes, sartriennes, systémiques, sociologiques, etc. Peut-être même y aurait-il autant de discours que de praticiens interrogés tant il est vrai que chacun travaille avec ce qui l'a marqué et ce qu'il investit.

Il est donc possible d'esquisser un discours « savant » ou de tenter l'assemblage de descriptions érudites. L'avantage de ces approches est de disposer d'éléments théorico-cliniques nous permettant d'affiner notre compréhension de la problématique de Julien et de mieux réfléchir sur la stratégie thérapeutique mise en œuvre. Les descriptions amorcées ci-dessus sont dans ce sens intéressantes, mais ce qui apparaît flagrant est l'*aspect partiel et insuffisant* de chacune d'elles.

Et en effet, par la description conceptuelle nous nous approchons du sujet Julien mais nous ne le révélons pas. J'évoquerai à son endroit la formule d'Oscar Wilde : « *Tout homme tue la chose qu'il aime* » : chez cette personne, autrui est chosifié et l'amour devient violence. Mais nos hypothèses sur les origines de ce fonctionnement n'empêcheront pas que subsiste une part mystérieuse. Afin de ne pas occulter cette dimension qui nous échappe, il est important, tout en théorisant, de ne pas réduire Julien aux descriptions techniques et approximatives que nous pourrions effectuer.

De plus, ce qui est véritablement intéressant est la complémentarité des approches et non le développement infini et redondant d'une seule. En effet, la complexité des personnes et des faits cliniques nous incite de plus en plus à viser une démarche elle aussi complexe d'articulation des théories et des pratiques. Car le projet est d'être psychothérapeute et non pas spécialiste d'une technique. C'est *l'articulation des théories et des pratiques, à l'intérieur d'un positionnement philosophique explicite*, que je recherche.

C'est pourquoi la psychothérapie de Julien a principalement consisté en une articulation, qui m'est certainement personnelle, de plusieurs approches, notamment la psychanalyse, la bio-énergie et la gestalt-thérapie tout en donnant la *priorité au niveau ontologique de la rencontre*. Ce niveau (qui sera exposé au chapitre 8) concerne la rencontre entre deux êtres et se propose de saisir sous les apparences la nature de l'être, autrement dit le noyau profond du sujet, en deçà et au-delà des connaissances acquises *a priori*. Une des idées défendues dans ce livre est que ce niveau demeure essentiel même s'il n'exclut pas une démarche technique. Le souci du diagnostic et l'apprentissage de techniques, s'ils ne doivent pas remplacer la communication directe et l'ouverture interhumaine, n'en restent pas moins utiles. Opposer l'implication intersubjective et la recherche d'objectivité clinique serait donc grossier et inadéquat. Il s'agit plutôt de rapprocher ces deux points de vue sans dichotomie mais sans pagaille non plus.

Dans la psychothérapie de Julien, le résultat de l'articulation des méthodes fut l'alternance de moments de travail à dominante relationnelle et émotionnelle avec d'autres principalement analytiques (à cette première articulation s'en ajoute une seconde entre le travail individuel et les sessions groupales).

Ce qui se trouve en jeu dans l'association du travail émotionnel et du travail analytique est le *lien entre éprouver et penser* : comment le ressenti et l'expression émotionnels influencent la vie psychique et, parallèlement, comment l'activité mentale ainsi influencée modifie la vie émotionnelle et le mode communicationnel ? Comment les échanges relationnels verbaux, corporels et émotionnels influent-ils sur les pensées et sur leurs liens ? Pour répondre à ces questions, nous allons étudier un moment clef du travail de Julien en groupe.

Un dimanche matin, neuf participants étaient présents dans le groupe et les discours individuels s'ordonnaient spontanément autour d'un thème commun qui émergeait ostensiblement ce jour-là : la relation à la mère, surtout le manque et la souffrance créés par son absence, sa maladresse ou sa froideur.

Il est souvent opportun, quand un thème circule ainsi dans le groupe, qu'un participant particulièrement touché par ce thème le travaille explicitement au centre, ce qui provoque une résonance généralement profitable chez les autres. Or, j'étais persuadé que pour Julien, même s'il n'en disait rien, ce sujet l'habitait au point de le tourmenter : je le sentais nerveux, physiquement très tendu et ne regardant personne. Je me tournai vers lui et lui demandai ce qui se passait. Il répondit comme souvent qu'il ne se passait rien puis secondairement, après avoir pris le temps de contempler ce qui s'agitait en lui, convint qu'il était très mal à l'aise sans savoir pourquoi. Je lui demandai alors s'il avait écouté ce qui s'était échangé dans le groupe depuis le début de la matinée. Sur un ton agacé, il me répondit que « *tous ces gens qui pleurnichent sur leur maman* », ça ne le concernait pas. Son attitude démentait cette indifférence et je lui demandai s'il voulait travailler ça davantage.

Lui : *Quoi, ça ?*
Moi : *La relation à ta mère.*
Lui : (visiblement troublé) ???
Moi : *Il me semble que tu es touché par tout ce qui se dit ce matin mais peut-être sans vraiment le reconnaître en toi. Veux-tu explorer ça ?*
Lui : *Tu veux dire, que je travaille ce que je ressens pour ma mère ?*
Moi : *Oui.*
Lui : *Comment ?*
Moi : *Je peux te proposer quelque chose mais je souhaite d'abord savoir si tu veux travailler ce thème maintenant.*
Lui : (il semble de plus en plus troublé, comme si un sentiment pénible émergeait) *Oui, je le souhaite.*

Mon insistance à le faire exprimer son désir d'avancer sur ce thème est liée à la nécessité pour Julien de se responsabiliser par rapport à sa thérapie. Il lui était déjà arrivé d'effectuer des travaux très importants pour lui puis de les déprécier et de dire que, de toute façon, il les avait faits parce que je lui avais dit de les faire mais que lui n'en avait pas besoin. Mode de sabotage par l'irresponsabilité et l'infantilisation auquel je souhaitais mettre fin en ne l'aidant à travailler que si clairement il en assumait préalablement le désir.

Je lui proposai alors de s'allonger sur un matelas mis au centre du groupe, de fermer les yeux et de se centrer sur sa mère, si possible de voir son image. Comme au bout d'une minute, il ne disait rien et que je voyais ses globes oculaires bouger sous ses paupières closes, signe qu'il était confronté à des images, je lui proposai d'exprimer ce qu'il voyait :

Julien : « *Je vois son visage, elle est jolie* » (les larmes coulent silencieusement, les traits de son visage sont tendus, son corps aussi).

Moi : « *Tends tes bras vers le plafond, mains ouvertes, et tout en continuant de la voir, tu lui parles.* »

Julien : (transpirant beaucoup, se mettant à pleurer bruyamment, sa voix est plus aiguë et très faible) « *Maman, je t'aime maman, me laisse pas...* » Suit une séquence émotionnelle pendant laquelle Julien s'entoure de ses bras tout en continuant de pleurer sur un mode infantile.

Spontanément, quelques personnes se sont rapprochées sans toucher Julien, y compris ma collègue Berta qui se trouve alors à droite de notre patient et lui dit doucement quelques mots (non notés car nous étions tous les deux impliqués dans la situation). Julien, entendant ses mots dont je me rappelle seulement la tonalité chaude et douce, bouge alors son corps et se met très lentement à ramper vers Berta dont il entend la voix tout en continuant à exprimer son amour pour sa mère ; il y a peu de mots, la voix est petite, plaintive, apeurée. Arrivé à son contact, il se lovera contre elle, se mettant à sucer l'intérieur de sa propre main droite tout en émettant des petits cris plaintifs. Certaines personnes présentes, dont moi, poseront alors une main sur lui, le laissant ainsi quelques minutes, Berta lui caressant le front où les cheveux sont collés par la sueur. Quelques minutes plus tard, je dis que nous arrivons au terme de cette séquence de travail, qu'il est important qu'il puisse ultérieurement mettre des mots sur ce qu'il a vécu mais que pour l'instant, il peut rester allongé et se reposer.

Il nous dira ensuite que ce fut pour lui une expérience inouïe car il ne savait pas qu'il avait des sentiments forts et positifs pour sa mère. Sentiments qui à la plupart d'entre nous paraissent évidents, et que peut-être il pressentait intellectuellement. Mais ce qui est nouveau et sera novateur par la suite, c'est que lors de ce travail il les a ressentis et qu'il a pu lier, ou relier, une représentation, celle du visage de sa mère, avec un affect, l'amour pour celle-ci. Ce lien entre une représentation et un affect fondateurs fut rendu possible par la communication émotionnelle variée (peur, tristesse, douceur, apaisement, fatigue...) avec son thérapeute, la cothérapeute et le groupe.

Julien, lors du travail d'élaboration et d'intégration de cette scène, dira : « *J'ai vu ma mère sans le vouloir. C'est la première fois de ma vie que je vois ça ; ça me fait contacter son absence... Je la vois faire des crêpes. Je suis content. J'ai envie de voir mes parents.* » Sans cette mise en acte (se lever, aller s'allonger au centre de la pièce, tendre les bras en appelant) et sans ce caractère interactif de la communication, le lien psychique ne se serait peut-être pas produit. Or, cette séquence a marqué un tournant dans le parcours thérapeutique et, à un niveau plus général, dans la vie de Julien. Il a repris des contacts réguliers avec sa famille et, en thérapie, les séances suivantes, individuelles et groupales, ont poursuivi cette récupération par lui dans ses rapports avec nous d'un pan majeur de sa vie intérieure : sa relation sentimentale positive et profonde avec les membres de sa famille. Cette réappropriation d'une partie ancienne, si présente bien qu'inconsciente, de son histoire affective familiale s'est effectuée tantôt par l'exploration émotionnelle et analytique de scènes de l'enfance, tantôt par l'élaboration de l'actualisation sur moi, sur ma collègue et sur quelques membres du groupe, d'émois ou de sentiments ressentis à l'égard de ses parents et de sa fratrie (ce qu'en psychanalyse on appelle le transfert).

Il lui fut possible de comprendre et de verbaliser cette dimension transférentielle sur son versant positif. Par contre, le transfert négatif, c'est-à-dire l'agressivité faite de rage et de haine ressenties parfois contre l'un de nous, parfois contre notre couple thérapeutique, n'a pas pu être véritablement exprimé et élaboré. En effet, Julien a mis un terme soudain à sa psychothérapie, sans annoncer ni préparer cette séparation, ce qui l'a empêché de travailler sa négativité vis-à-vis de moi, restreignant ainsi très certainement la possibilité d'un changement véritable et durable.

Précisons l'impact de cette séquence thérapeutique sur son fonctionnement mental. Il est profond car cette séquence porte sur son lien à la mère, sur l'amour pour elle et sur le sentiment de détresse lié à son absence. Or, la mère est la première personne source et objet d'amour. Elle occupe ainsi une grande place dans l'intériorité et la structuration psychique de chacun.

Nous savons aussi que dans la première année de la vie, les absences répétées de la mère sont nécessaires à la naissance de l'activité mentale du bébé (voir par exemple Marcelli, 1986) : ces absences bien tempérées facilitent en effet l'activité représentative en incitant l'enfant à évoquer psychiquement l'image de la mère absente, ce qu'il ferait plus difficilement si la mère était toujours présente ; ce mouvement interne, ce « travail » psychique, affermit le fonctionnement mental et participe donc à l'autonomisation naissante de l'enfant.

Nous pouvons supposer que dans ce moment fécond, Julien put relancer un travail psychique défaillant par la prise de conscience et la réappropriation de l'attachement à la mère comme expérience première et modèle d'implication amoureuse.

Cette nouvelle mentalisation est rendue possible premièrement par la figuration à l'extérieur grâce au travail actif de communication émotionnelle, et deuxièmement par la réintériorisation sous une forme plus élaborée des éléments ainsi vécus et partagés. Le temps d'extériorisation de mouvements émotionnels et d'éléments fantasmatiques favorise ici un second temps comprenant la prise de conscience. Ces deux temps s'avèrent novateurs puisqu'au service de la création ou de la recréation de liens psychiques et relationnels.

Cet exemple, associé au style général de notre relation dans laquelle sa demande manifeste signait la quête d'un amour maternant, nous indique qu'il avait *réellement* besoin de trouver des conditions environnementales ressemblant à celles du premier parentage. Pour modifier efficacement et positivement ses projets morbides, nous ne pouvions bien sûr satisfaire expressément et totalement ce besoin régressif, mais il était fécond de proposer des modalités de rencontre et de communication qui ressemblaient à la situation faisant l'objet d'une fixation.

Concrètement, ce projet thérapeutique a pris la forme d'un travail de plusieurs mois pendant lequel Julien a été accompagné dans une régression jusque-là maladroitement recherchée et dorénavant mieux assumée et contrôlée. Au lieu de l'éviter en voulant prématurément faire « grandir » Julien par la verbalisation élaborante, et donc par la symbolisation, il s'agissait de lui offrir les conditions relationnelles et communicationnelles correspondant à son besoin profond. A propos des patients régressés, tel Julien, Anzieu précise : « *Si on les accompagne par la pensée et la parole jusqu'au terme ultime visé par leur régression, ils demandent d'être — en actes, en gestes, et non au seul niveau des mots — goûtants et goûtés, tétants et tétés, tenus, portés, réchauffés, rythmés et, plus avant même parfois, d'être réintégrés dans la sécurité chaude, souple, enveloppante et régulatrice de l'œuf-sein primordial, à partir de quoi ils peuvent entreprendre de renaître autrement* » (1979, p. 192). Ces formulations sont justes pour notre patient, excepté l'accompagnement que l'auteur limite à la pensée et à la parole et qui se présente en cela inadapté, surtout pendant l'instauration et la traversée de cette étape régressive et transitionnelle.

L'accompagnement émotionnel et corporel est pendant cette période tout aussi nécessaire. Mais il pose le problème du cadre thérapeutique et de sa gestion, thème que nous allons maintenant aborder.

2

L'acte relationnel et son encadrement

L'action coopérative est une pierre angulaire du travail thérapeutique. Aussi, avant de spécifier quelques manières de la favoriser en toute sécurité et comprendre l'intérêt de son encadrement, vais-je préciser tout d'abord une fonction générale et capitale de l'action : *l'action est expressive du noyau profond de la personne*. Elle le révèle, en souligne les forces et en signale les carences. Elle provoque ainsi le sujet à s'expérimenter lui-même, à s'éprouver comme sujet désirant, auto-constituant et libre.

En effet, le sujet agissant, celui qui se hasarde et qui s'engage, se met parallèlement en marche vers sa découverte et, s'il y trouve structuration et changement, vers sa libération. L'action, tout en modifiant l'environnement, actualise ainsi le rapport de l'agent à lui-même. C'est pourquoi elle comprend toujours quelque chose d'immaîtrisé et de créatif.

Le sujet n'est pas histoire mais historicité, ce qui veut dire qu'il construit lui-même son histoire. C'est lui qui donne force et sens à son parcours. C'est parce que l'individu est sujet de son histoire, et non objet soumis ou résultat passif de causes extérieures, que l'action choisie et dirigée lui permet de renforcer sa conduite de vie, de souligner et d'enrichir sa trajectoire existentielle. Il est sujet parce qu'il réfléchit et choisit, parce qu'il développe une intentionnalité, c'est-à-dire une visée signifiante, parce qu'il réalise des projets qui donnent sens à sa vie. Agir lui permet alors de donner à son parcours une valeur de création continue.

L'éveil à soi et l'éveil au monde, actes de la vie intérieure, ne peuvent se tenir dans la seule intériorité et s'épanouissent dans et par la communication interactive. La subjectivité et l'engagement dans cette communication sont des manières pour chacun de se choisir et ainsi de devenir soi. Ce soi n'est pas donné par l'environnement et pour toujours, il est au contraire à découvrir et à développer. C'est pourquoi il arrive un temps en psychothérapie où le patient ne peut plus dire : « Si je souffre, c'est à cause de mes parents, c'est parce que j'ai eu tel ou tel traumatisme dans ma vie... » Quand il comprend que s'il est ainsi, s'il présente telle ou telle caractéristique psychique, professionnelle ou familiale, c'est parce qu'il a donné à sa vie cette inflexion, cette direction, alors il commence à changer. Bien sûr, chaque personne a en elle les limitations propres à la nature humaine, notamment l'échéance mortelle, et chaque personne s'est trouvée intimement influencée par son environnement familial, économique et social. Mais ces exigences extérieures ne l'ont pas moulée irréversiblement, elles ont créé autour d'elle et surtout en elle des conditions de vie sources de structuration d'une part, de déstabilisation d'autre part.

Comme l'issue ne se trouve pas dans les prémisses, c'est par la construction de son présent et de son avenir que la personne va révéler son intériorité singulière. Cette existence en devenir, dans sa réalité spécifique, constitue la tâche majeure du sujet en psychothérapie et celle de son psychothérapeute. Dans leur alliance, ils vont tous les deux viser la prise en charge par le sujet de lui-même et de son déploiement qui, bien qu'accompagné, relève de son choix libre. Les expressions « subir une psychanalyse » et « il s'est fait analyser » m'ont toujours dérangé. Ces formules passent totalement à côté de l'essentiel du processus de changement qui est l'appropriation par le sujet de son devenir. La psychothérapie, comme la trajectoire de vie qu'elle exprime et permet de modifier, est une conquête personnelle et non l'adhésion servile aux dogmes singuliers d'un professionnel de l'interrogation et de l'accompagnement. C'est donc le sujet qui fait sa psychothérapie avec un psychothérapeute qui fondamentalement le suit et parfois le guide dans les temps de régression mais qui ne peut jamais exister à sa place.

Agir consiste ainsi pour chacun à manifester la prééminence de la décision sur la soumission, de la création sur la répétition. Dans ce contexte, dire que le sujet *est*, c'est dire qu'il croît, qu'il est en devenir et qu'on ne peut le saisir qu'en mouvement, dans l'expression active et créative de son déploiement ou, au contraire, dans l'aménagement de son repli ; car se rétracter, se taire ou s'enfermer demande autant d'efforts et de décisions que l'ouverture à l'autre et au monde. Action et responsabilisation sont donc liées.

Ces considérations d'ordre éthique déterminent, souvent de manière implicite et non consciente, les prises de position du psychothérapeute. Il me paraît souhaitable pour ma part d'expliciter cette éthique et de révéler mon adhésion intime à une philosophie existentielle constructive et athée, basée sur l'engagement et la responsabilisation.

Trois niveaux de l'action

Afin d'avancer dans notre propos, différencions trois niveaux de l'action *du point de vue relationnel*. Car l'action est interaction, elle mêle de façon parfois inextricable individuation et association.

J'évoquerai tout d'abord *l'action solitaire*, stimulant le monde interne et non pas la vie interactive. Ces actions, même limitées, réveillent ce qui se trouvait assoupi en nous ou réorganisent ce qui se trouvait en trop grand désordre, puis propagent plus ou moins obscurément les effets de ce réaménagement. Il y a toujours de l'inconnu et de l'imprévu dans les conséquences d'une action authentique.

Un premier exemple illustratif sera la création poétique active de Maïakovski. Cet écrivain russe révolutionnaire du début du siècle, membre du mouvement des poètes « futuristes », décrit dans sa brochure « Comment faire les vers » (1926) la manière dont il compose ses poèmes : « *Je marche, les bras ballants, en grognant tout doucement, encore presque sans paroles, et tantôt je raccourcis le pas pour ne pas déranger le grognement, tantôt je me mets à grognasser plus rapidement, en mesure avec mes pas. Ainsi est raboté et prend forme le rythme, la base de toute œuvre poétique, qui la traverse d'une rumeur. Peu à peu, on se met à tirer de cette rumeur des mots* » (traduit et présenté par Elsa Triolet dans *Maïakovski, vers et prose*, Éditeurs Français Réunis, 1957).

Cette émergence de mots à partir de sons, de mouvements et d'un rythme est passionnante. Elle pose la question du sens, de ses origines et de sa découverte. Nous assistons à la mise en mouvement d'un homme et aux expressions sonores primaires qui accompagnent ces déplacements. Comment cela peut-il générer des liaisons psychiques menant l'auteur-acteur à trouver des mots puis à les représenter et les assembler de manière organisée et finalement sensée? « *D'où vient ce rythme-rumeur de fond? Impossible à dire. [...] L'effort d'organiser le mouvement, d'organiser les sons autour de moi, en définissant leur caractère, leurs particularités, est un des côtés principaux et constants du travail poétique. Ce sont là les réserves rythmiques. Je ne sais pas si le rythme existe en dehors de moi ou seulement dans moi, plutôt dans moi. Mais pour le réveiller il faut un choc...* » *(ibid.)*.

Dans la création artistique, des expérimentations comme la peinture abstraite et l'écriture spontanée ont judicieusement posé la question de la nature et de la portée des éléments ayant pour fonction de donner du sens. L'exemple de Maïakovski montre les rapports qui existent entre le mouvement physique, les vocalisations primaires et la création de sens. Il montre *comment, à partir d'un rythme expressif, peut naître créativement une pensée et une parole nouvelles*. Il m'est arrivé plusieurs fois en écrivant ce livre d'utiliser le mouvement physique et les vocalisations pour rendre plus vives une pensée et une écriture qui sombraient parfois dans l'apathie ou le vide. Apparaît alors un registre de l'acte où celui-ci, loin d'être opposable à la représentation psychique, en facilite au contraire l'accès. Et, plus que la représentation, c'est le travail du lien entre des chaînes de représentations qui se trouve facilité. De ce point de vue, il existe des actes remémoratifs : c'est ce que je vais illustrer maintenant par un exemple personnel puisé dans le quotidien.

Un jour d'été, alors que je me trouvais dans un train de banlieue surchauffé, je me lève pour baisser la vitre du compartiment et m'y appuyer, les avant-bras et une partie du visage à l'extérieur, caressés par le vent. Aussitôt, sans aucune réflexion préalable, me reviennent en mémoire vive des souvenirs vieux d'une vingtaine d'années. J'habitais à l'époque en province et venais régulièrement à Paris en train pour recontrer la jeune femme avec laquelle je vivais une relation amoureuse. Il m'arrivait alors de m'accouder à une fenêtre du wagon pour regarder le paysage et penser. Reproduire cet ensemble gestuel vingt ans plus tard a aussitôt actualisé en moi une nuée de pensées, de sensations et d'affects vécus à cette époque : le prénom de cette jeune femme résonnait à nouveau en moi, son parfum me semblait absolument présent, certains souvenirs liés à notre relation et d'autres relatifs à notre séparation s'entremêlaient si rapidement que je m'en trouvais bouleversé.

Ainsi, le mouvement et la gestualité contiennent une part non négligeable et surtout bien vivante de notre mémoire, même si nous n'en sommes guère conscients. En psychothérapie, il est intéressant qu'ils soient utilisés pour rendre plus consciente cette part de nous-même qui nous habite et nous anime, ou nous inhibe, à notre insu.

La deuxième série d'actions concerne *l'action solitaire effectuée en présence de quelqu'un.*

L'illustration la plus simple est celle de l'enfant qui joue dans la pièce où se trouve l'un des parents ou le couple parental. Apparemment, la qualité de son jeu dans lequel il semble complètement absorbé ne dépend en rien de la présence parentale. Mais que les parents se lèvent et sortent et l'on constate souvent que le jeu s'arrête, que l'enfant n'est plus dans la possibilité de pouvoir le continuer tranquillement. La présence discrète mais réelle, physique, des parents était nécessaire au bon déroulement psychique et gestuel du jeu[1].

Un de mes patients adultes vécut une situation analogue en séance. Alors qu'il me parlait de lui avec profondeur et implication, il sembla « décrocher » de la relation et eut pendant quelques minutes une parole, toujours profonde et impliquée, mais à proprement parler intérieure. Il exprimait à voix haute un dialogue intérieur, et non un monologue, sans s'adresser véritablement à quelqu'un. Quand il reprit

1. Winnicott a justement insisté sur l'importance pour le jeune enfant de cette expérience d'être seul en présence de quelqu'un, expérience qui mène à la capacité d'être seul (1969).

consciemment contact avec la situation actuelle (le lieu, mon cabinet, moi), il fut très surpris de cette « absence » dans la présence, ou plutôt il fut très impressionné par la densité de sa présence à lui-même et très heureux aussi de la qualité de son dialogue intérieur-extérieur.

L'espace transitionnel entre deux interlocuteurs peut parfois, comme dans cet exemple, rendre le rapport à soi-même particulièrement chargé, dense et plein, mais ce rapport substantiel à soi nécessite la présence et la disponibilité d'une personne privilégiée.

Enfin, j'évoquerai les *actions relationnelles*, celles qui visent directement et prioritairement le monde intersubjectif. C'est le cas du dialogue en face à face, de l'échange corporel, de toute action effectuée à deux ou à plusieurs. Certaines de ces actions relationnelles, spécifiques pour notre propos, se vivent dans le cadre de la psychothérapie. Dès lors, elles ne sont jamais banales car la situation les charge de significations. Presque toutes les illustrations données dans ce livre sont des actions de ce type. J'en ai développé ci-dessus un exemple pour enrichir l'exposé du travail effectué avec Julien et pour conclure cette présentation. Grâce à cet exemple nous avons mieux saisi l'intérêt de prendre davantage en considération les éléments expressifs, émotionnels et relationnels qui accompagnent et nourrissent la communication verbale et la création mentale de nouveauté. Car le changement nécessite cette création qui elle-même exige certaines conditions pour apparaître. Nous en aborderons quelques-unes tout au long de ce livre.

Par souci de clarté, je vais préciser le sens que je donne à divers mots utilisés pour parler de l'action en situation psychothérapique.

Le *passage à l'acte* ou *acting out* est dans le langage psychanalytique une action se substituant à la prise de conscience et à la verbalisation, un acte impulsif ou défensif court-circuitant la mentalisation. La conséquence visée est l'expulsion de l'affect hors du vécu psychique.

Ce que je nomme *agir relationnel*, ou *passage par l'agir*, ou *mise en acte* est par contre une action délibérée, un soulignement mobilisant le corps et l'émotion et permettant au patient de vivre plus intensément la situation, d'expérimenter et d'apprivoiser des affects ou des sentiments mal identifiés, voire inconnus.

Si, par exemple, un patient se lève pendant une séance et quitte la salle, stoppant ainsi cette séance sans s'expliquer, il s'agit assurément d'un passage à l'acte au sens psychanalytique puisque ne permettant aucune élaboration de ce qui est en jeu. Par contre, s'il se lève, dit qu'il a envie de partir et continue le travail debout, arpente la salle tout en associant sur son malaise, exprime son ressenti tout en restant en relation avec le psychothérapeute, alors il n'effectue aucun passage à l'acte mais recourt à l'agir pour pouvoir communiquer son besoin et le travailler thérapeutiquement.

Si le passage à l'acte joue la répétition, le passage par l'agir en permet le dégagement. Cet *agir* implique l'affect, l'expérience intime de ce qui est ressenti de l'action. Le plus utile est en effet ce qui, dans cette expérience vive, précède et prépare l'élaboration psychique, ce qui la produit et la nourrit puis la suit et la développe dans un rapport de soutien mutuel. Notre perspective est l'intégration de l'action de telle manière que le sujet puisse choisir celle-ci en connaissance de cause, c'est-à-dire en tenant compte aussi de ses déterminants jadis inconscients et dorénavant connus et assumés, même partiellement. Tout n'est pas langage, il est bon de le rappeler pour ne pas perdre la référence au monde vivant de l'action et de la relation. Néanmoins, il est vrai que l'accès au sens nécessite le recours à la parole. L'agir, afin d'être porteur de significations, mérite souvent d'être enrichi par le langage, ce qui n'implique évidemment pas de renoncer à l'action mais bien au contraire de lui laisser toute possibilité expressive pour ensuite, ou en même temps, lui donner sens par l'échange parlé.

J'appelle donc *passage par l'agir relationnel* des actions spontanées ou sollicitées facilitant l'exploration par le patient de ses pensées, de ses fantasmes et de ses émotions. Parmi ces agirs, je distingue notamment : la communication émotionnelle, c'est-à-dire l'expression des émotions, leur exploration et leur partage (dans *Trace ou sens*, Max Pagès analyse les enjeux de ce travail émotionnel) ; la mise en situation de fantasmes ou de scènes vécues (travail initié par Moreno, fondateur du psychodrame) ; l'extériorisation par les gestes et la voix ; enfin, le contact corporel.

Ces différents aspects de l'action thérapeutique sont illustrés par les exposés cliniques qui jalonnent ce livre. Il s'agit de *passages* en ce sens qu'ils ne constituent pas la finalité du travail psychothérapique mais des moyens facilitant le franchissement des résistances et le dégagement de blocages psycho-émotionnels. Cette pratique permet ainsi d'aborder des moments de travail marqués par des conflits archaïques peu accessibles par la seule élaboration verbale, et de rendre disponibles et utilisables les conditions de leur dépassement.

Le passage par l'agir ne peut être réduit à un artifice technique car l'acte de communication fait partie de l'essence du développement psychologique. La valeur virtuellement thérapeutique de l'expression agie est bien sûr plus complexe chez l'adulte que chez l'enfant et j'ai constaté une tendance chez les psychothérapeutes et plus particulièrement chez les psychanalystes à en privilégier l'aspect défensif, d'actualisation des fantasmes sexuels et agressifs au détriment de sa fonction intégrative. Je ne prétends pas donner à l'expression un primat sur la signification mais il est essentiel, quand l'une ou l'autre de ces fonctions est perturbée et c'est le cas pour toute personne en psychothérapie, de se souvenir que *l'expression, loin d'éliminer la signification, lui donne une assise*. Une conception plus positive de l'action expressive redonne en fait plus de chance d'aboutissement à la recherche de sens.

L'alternance et le plus souvent l'intrication entre l'action et l'élaboration psychique sont donc garantes d'équilibre. Leur association devient alors un but majeur de la psychothérapie : restituer par la communication avec le psychothérapeute toute sa richesse potentielle au jeu subtil qui unit les fantasmes, les actions, les émotions et la pensée ; permettre que s'écoulent plus harmonieusement les énergies bloquées pour que s'affine et se conforte le travail de liaison-déliaison, c'est-à-dire le travail de mentalisation.

Voyons maintenant comment cadrer ces actions relationnelles.

L'encadrement

L'espace thérapeutique n'est jamais un lieu neutre et simple. Les enjeux les plus profonds et les plus puissants s'y actualisent et s'y déploient. Aussi la banalisation en est-elle exclue. Tout ce qui s'y produit peut prendre sens et valeur, cette signification et cette valorisation étant fortement nourries par le fonctionnement imaginaire du patient. Dès lors, les possibilités de consolidation psychique et de symbolisation y sont optimales à condition que le cadre soit suffisamment protecteur. Aussi je propose, pour favoriser puis canaliser la mise en acte à l'intérieur du cadre thérapeutique, d'indiquer clairement aux patients une règle de protection. Il s'agit d'une règle de non-passage à l'acte agressif ou sexuel à l'intérieur de ce cadre. Elle est valable autant dans le travail groupal qu'en séances individuelles.

Comme je l'indiquais au chapitre précédent, cette règle protège tout autant l'espace psychique que le corps des participants. Son existence permet aux patients de se sentir libres d'exprimer authentiquement leur vécu, même intense, même archaïque, sans crainte des conséquences ou des représailles. Elle facilite l'expression des conflits et fait de leur gestion une part intégrante de la participation, notamment en situation groupale dans laquelle coopération et tensions se mêlent profondément. Il ne s'agit pas de réprimer mais de contenir et de canaliser, de mettre des limites protectrices et seulement celles-là.

Gérer les conflits en tenant compte des désirs individuels constitue le groupe en groupe d'appartenance et lui confère sa pleine valeur thérapeutique. Nous découvrons ainsi, et cela est vrai pour chaque nouveau groupe, un équilibre dynamique entre une exigence, celle de donner aux patients un espace de travail pour la résolution de leurs problèmes individuels, et une visée, celle d'assurer la cohésion de la démarche groupale. Ces deux niveaux sont distincts, non disjoints. Le ciment affectif qui lie progressivement les participants aide ceux qui sont en difficulté à passer de l'inhibition de l'action, ou de l'agir sauvage, à l'action assistée et soutenue par la raison individuelle et collective. A ce propos, je préconise l'utilisation ponctuelle du *nous* par le thérapeute, dans sa parole, afin de favoriser la solidarisation du groupe dans un projet commun bien qu'individualisé. Je préciserai au chapitre 9 l'intérêt proprement thérapeutique du recours au *nous* pour signaler et stimuler le caractère commun des élaborations psychiques qui naissent et se déploient entre le patient et le thérapeute ou au sein d'un groupe de psychothérapie. Si par exemple le thérapeute dit « cela *nous* intéresse de comprendre pourquoi ce que j'ai exprimé tout à l'heure t'énerve tant », il utilise une formule volontairement intégrative. Il signale en même temps le travail psychique que chacun, et pas seulement le patient, doit séparément effectuer, et la part commune de cette élaboration. L'entre-deux psychique et relationnel prend plus de corps et de sens grâce à ce type d'intervention.

La règle de non-sexualité entre les participants pendant tout le temps de leur engagement groupal est parfois confondue avec une restriction de la liberté de chacun. En fait, le psychothérapeute énonce ces conditions de travail pour créer un cadre clair et sécurisant de fonctionnement, pour que chacun puisse se sentir libre de se déployer en toute sécurité dans le lieu thérapeutique. Chacun peut par exemple exprimer ses désirs érotiques avec l'assurance qu'il n'y aura pas de suite sexuelle, ce qui permet une grande liberté de parole ainsi que le *travail de la différence entre l'expression des désirs et leur réalisation*, différence souvent mal acquise. La valeur essentielle des limites exprimées par le responsable du groupe est de définir un champ de liberté pour les participants.

Mais encadrer ne consiste pas seulement à énoncer des règles, il s'agit également de *créer une ambiance*. Celle-ci doit être propice à la libre expression ainsi qu'à l'ouverture authentique à soi-même et à autrui. Ce point est difficile à décrire car relevant du senti, du perçu plus que du pensé. Qui a pu expérimenter une telle situation thérapeutique groupale a probablement ressenti l'ambiance spécifique qui la crée et s'en dégage. Je devrais dire *les* ambiances tant sont sensibles les différences qualitatives selon le psychothérapeute présent, selon le cadre interne de celui-ci et selon les caractéristiques du groupe et des personnes qui le composent. Beaucoup de paramètres interagissent donc pour inventer cette ambiance.

Nous pouvons néanmoins discerner quelques éléments prépondérants : la disponibilité du psychothérapeute, son ouverture à lui-même, aux autres et à la situation ; l'autorisation qu'il donne en prenant l'initiative de se montrer lui aussi, et parfois d'abord, ouvert et authentique ; les paroles d'encouragement et d'autorisation qu'il énonce, et la vérité pour lui de ces propositions ; le cadre qu'il offre : locaux, matériel, silence, ponctualité, aucun dérangement (porte fermée, téléphone débranché...).

Ces différents éléments et d'autres difficiles à conceptualiser (notamment le rôle de ses croyances imaginaires et de ses positions philosophiques) génèrent une ambiance qui va baigner le groupe de manière singulière. Les participants vont y réagir, consciemment ou non. Les caractéristiques du cadre proposé par un psychothérapeute me semblent donc très liées au cadre interne de ce psychothérapeute, c'est-à-dire à sa propre organisation psychique. C'est pourquoi il est fort utile que dans sa formation, ou ses formations, il puisse expérimenter des méthodes diverses de travail sur soi et élargir ainsi son champ perceptif, expérientiel et théorique ; qu'il puisse ne pas seulement faire une cure psychanalytique, ou seulement du psychodrame, ou seulement un travail de bio-énergie en groupe, etc., même si des dominantes sont inévitables selon les préférences de chacun. En expérimentant et intégrant des pratiques qui sont compétentes sur des thèmes différents (l'inconscient, les tensions corporelles, l'ouverture spirituelle, la rencontre, les rêves...), il limite le nombre et l'ampleur de ses tâches aveugles (puisque toute pratique contient sa zone de cécité, contrepartie de sa zone de clairvoyance) et élargit son aptitude à communiquer avec des personnes dotées de problématiques différentes.

Maintenant que le cadre thérapeutique se dessine avec plus de netteté, envisageons quelques enjeux actualisés par l'expression des émotions.

L'expression émotionnelle comme dimension spécifique de l'implication relationnelle

L'implication émotionnelle du patient dans sa communication avec le psychothérapeute est nécessaire pour qu'adviennent les prises de conscience et les ébranlements internes sources de changement. Le psychothérapeute peut s'impliquer également et, restant au contact de ses propres ressentis émotionnels, en exprimer la présence en lui dans un but de recherche et de clarification.

Prenons un exemple et imaginons une situation où le travail thérapeutique serait bloqué par des éléments négatifs présents chez le patient mais non directement exprimés. N'étant pas partagés, ces éléments négatifs ne peuvent être élaborés et ne sont donc pas dépassables. Dans cette situation, le psychothérapeute peut ressentir ce que vit son patient et comprendre que celui-ci n'ose pas exprimer son agressivité. Il peut alors juger utile pour le processus en cours de mettre les premiers mots sur les attaques qui circulent en négatif dans l'échange et, parlant à la première personne, dire par exemple : « *Je ressens de l'agacement en moi, peut-être en ressentez-vous également, parlons de ce qui se passe entre nous.* »

Cette communication vise la prise de conscience par le patient de l'émotion qui s'agite en lui et s'exprime indirectement dans la séance. De plus, elle *ouvre la possibilité d'un échange* sur ce thème difficile, spécification actuelle du lien entre les protagonistes et plus encore, dans l'exemple de la colère, d'une attaque contre ce lien. Le psychothérapeute, habituellement plus avancé que son patient pour aborder simplement des thèmes aussi implicants et angoissants, peut prendre l'initiative de nommer les affects, du moins ceux qu'il est pertinent de citer à ce moment-là avec cette personne. Beaucoup de patients pour lesquels cette attitude du soignant peut s'avérer productive ont souffert de comportements parentaux discordants, ce qui invite à une grande justesse dans l'usage de ce positionnement clinique.

L'implication émotionnelle de la personne est nécessaire car elle a un impact sur son fonctionnement psychique et plus précisément sur le travail de liaison et de transformation qui s'effectue de manière préconsciente. Pour préciser cela, rappelons quelques avancées effectuées par Max Pagès sur le thème de l'émotion.

S'appuyant sur les développements de Freud et de Reich dont il considère les travaux articulables et non stérilement contradictoires, Max Pagès montre comment l'étude des liens entre le psychique et le corporel débouche sur le thème de l'émotion. Soulignant la valeur de l'émotion comme voie d'expression des fantasmes et de l'inconscient, il postule qu'*« il n'y aurait pas antinomie, mais continuité entre la communication émotionnelle et la capacité de symbolisation »* (*Trace ou sens*, p. 50). Il ajoute : « *L'échange corporel et émotionnel, la satisfaction qu'il procure seraient des conditions primitives de communication, nécessaires à l'émergence de la parole ou à sa restauration lorsque la symbolisation est perturbée. Et la stratégie thérapeutique consisterait pour une part à rétablir ces conditions ainsi que les possibilités de connexions entre la communication émotionnelle et le discours » (ibid.)*. Se distinguant des comportements de satisfaction directe ainsi que du langage et des conduites symboliques, l'émotion est une conduite intermédiaire, à valeur communicationnelle, subordonnée dans le fonctionnement adulte aux systèmes plus élaborés de la conduite langagière et de l'action organisée et socialisée. Elle se définit comme un système faisant partie d'une conduite plus vaste intégrant d'autres ensembles : motivations, régulations organiques, motricité organisée, etc.

Mais, si faciliter l'expression émotive est souhaitable, cela ne suffit pas. Ce travail ne prend son plein sens thérapeutique qu'articulé avec l'exploration de la dynamique relationnelle et des conflits qui lui sont liés. Aussi, pour que se développe une alliance thérapeutique, l'attitude que je recherche prend place entre d'un côté des réactions saturées d'affects et de l'autre une position stérilisante car vidée de tout affect. Se trouve recherchée une utilisation créatrice des réactions intimes de chacun, du patient comme du psychothérapeute, sans surcharge émotionnelle mais sans perte d'affect non plus.

Je distingue donc deux modalités de *résistance de part et d'autre*, dans la communication entre le patient et le psychothérapeute. Dans la première, la communication est débordée par les affects trop nombreux et trop intenses. Dans la seconde au contraire, la parole s'aliène dans la cuirasse du langage, dans le code linguistique auquel elle adhère. Le premier modèle met en évidence, par outrance, l'ancrage émotionnel et corporel du comportement communicationnel, le deuxième révèle l'attraction de la parole vers le code formel et impersonnel.

Du point de vue du psychothérapeute, j'ai constaté que ce n'est pas le contre-transfert en lui-même (c'est-à-dire sa réaction intime à la personne et au style de son patient) qui est source de malentendus et de ratages mais le fait de l'ignorer ou de ne pas l'utiliser. C'est pourquoi il est justifié, surtout dans les situations où le travail est bloqué par un non-dit du patient, que le thérapeute prenne l'initiative et, se basant sur ses affects propres, aille plus loin dans l'échange. Il facilite ainsi un déblocage communicationnel en exprimant sa sensibilité.

L'implication relationnelle du psychothérapeute est donc très utile. Car dans le premier cas (résistance par l'affect), cette implication vient aider le patient à passer d'une communication à dominante émotionnelle vers une communication seulement émue, progressivement coiffée par le système d'échange symbolique qui l'intègre. Et dans le deuxième cas (résistance par l'intellect), elle soutient le patient dans le passage d'une parole désaffectivée, repoussoir des expériences corporelles et émotionnelles, vers une forme émue et incarnée de communication, marquée elle aussi du sceau de la symbolisation.

Ainsi, dans les deux situations, l'implication du psychothérapeute vient soutenir le patient dans sa progression vers un point d'équilibre et de stabilisation entre ses pôles émotionnel-corporel et psychique-symbolique, jusqu'alors en opposition.

Voyons maintenant comment on peut comprendre l'intérêt thérapeutique d'une plus grande implication émotionnelle du patient en éclairant l'un des aspects centraux du processus de mentalisation, le niveau préconscient.

Espace de transmission, la vie préconsciente permet que soit donné du sens à ce qui est transmis et reçu. Il ne s'agit pas d'un couvercle posé sur le monde inconscient mais d'un lieu psychique dynamique où s'effectue un incessant mouvement, où se trouvent facilités les échanges entre l'intérieur et l'extérieur, entre le sujet et le monde, entre les fantasmes et la réalité. Il existe un véritable *statut préconscient du travail psychique*. Espace mental de liaison, l'activité préconsciente permet que se forment les réseaux associatifs et autorise donc l'accès au refoulé. Elle devient instrument de connaissance.

Le travail émotionnel (expression et exploration des différentes émotions et de leurs amalgames) est intéressant aussi en cela qu'il influe sur l'activité psychique préconsciente. Il peut entraîner un ébranlement favorable du fonctionnement mental préconscient du patient. Celui-ci dispose alors d'une possibilité accrue de capter puis d'élaborer des aspects de son fonctionnement jusque-là méconnus. Avec les personnalités aux limites mal définies, fluctuantes, la vie préconsciente reste le garant d'un jeu possible entre la vie mentale, le système émotionnel et la dynamique relationnelle, jeu qui avec le temps unifie ou réunifie.

La sollicitation motrice et l'implication émotionnelle viennent favoriser des liaisons psychiques nouvelles, ou rendre conscientes les anciennes. *Ce sont ces liens libérés grâce à la dynamique relationnelle que le travail analytique aura pour tâche de désigner et d'élaborer.*

Après avoir ainsi situé mon propos, je vais maintenant examiner quelques différences à prendre en considération quand on effectue avec les patients un travail d'activation émotionnelle et relationnelle. Il s'agit de particularités qui spécifient les sujets selon leur organisation et qui les mènent à vivre singulièrement la relation thérapeutique.

3

Les modalités de la relation selon les organisations cliniques

Les modalités de la relation aux autres et les processus psychiques internes sont dans un rapport de soutien mutuel. La rencontre intersubjective peut actualiser ou renforcer un travail psychique et, symétriquement, l'élaboration psychique peut elle aussi influencer les caractéristiques du lien. L'influence est donc réciproque et le plus souvent, ces deux niveaux sont tellement intriqués qu'il n'est d'ailleurs guère possible de détecter la part incombant à chacun. Reconnaissons cependant qu'il existe une coalition entre les deux et que cette interfécondation de la relation et de la mentalisation les rend toutes les deux plus riches de sens.

Pour les patients adultes, qui sont des personnes en devenir dont les possibilités d'autonomisation ont été freinées, le cadre de la psychothérapie devient un champ d'expérience où vont s'actualiser les enjeux psychiques et relationnels primordiaux : être écouté, accepté et aimé. Dans ce domaine *expérientiel, axé sur l'échange*, vont s'articuler et s'enrichir avec évidence les processus d'interaction et de structuration.

Cette articulation et cet enrichissement s'organisent différemment selon la problématique d'ensemble du patient. Aussi, sans étudier la classification des troubles psychologiques (psychoses, névroses et organisations intermédiaires), nous allons aborder la spécificité des modalités relationnelles des sujets qui relèvent de ces catégories. Je précise à ce propos que, comme la typologie psycho-corporelle de la bio-énergie, la nosographie psychiatrique est une aide pour le clinicien qui cherche à mieux saisir la dynamique mentale de son patient et souhaite élaborer pour lui une stratégie thérapeutique adaptée. Mais elle ne doit pas être un étiquetage des personnes car le niveau interhumain du lien reste prépondérant.

La relation avec les personnes psychotiques

Le sujet psychotique nous montre la carence de sa pensée et de son registre verbal à signifier et à contenir l'expérience, ce qui le rend fort peu accessible à la relation symbolique et au travail d'élaboration par le seul discours. Les interprétations du psychothérapeute restent inopérantes car incohérentes vis-à-vis de la pathologie spécifique rencontrée dans cette structure. Le mode de pensée psychotique est en effet caractérisé par son inaptitude à mentaliser et à canaliser les manifestations pulsionnelles. L'agir, chez ces patients, n'est pas véritablement une action consciemment orientée mais plutôt une façon d'exister.

On peut dès lors envisager l'implication relationnelle et l'expression agie du psychothérapeute comme des façons de communiquer avec le sujet psychotique. Celui-ci ne peut au début du traitement être suffisamment atteint par la parole pour se structurer mais il s'avère capable, si on lui parle le langage qu'il utilise, celui des actes et du corps, d'intégrer et d'introjecter certains des éléments qui lui sont ainsi apportés.

Avant de chercher à dégager du sens, le psychothérapeute vise une meilleure communication avec le patient. Dans le temps premier du traitement, l'éprouvé du réel et plus précisément du rapport physique et concret avec les soignants se présente comme pôle d'organisation (dans les institutions, les infirmières ont souvent dans ces rapports plus de présence et d'importance que les médecins). Le lien fonctionnel fait d'échanges concrets précède et vient préparer la recherche ultérieure d'un dialogue révélateur de sens.

Ainsi pour Serge, homme d'une quarantaine d'années, ancien professeur de mathématiques mis à la retraite anticipée pour troubles psychiatriques : il arrive toujours en séance avec lenteur, traînant les pieds parce que, dit-il, les neuroleptiques le fatiguent énormément. Et parfois en effet, il s'endort pendant les séances qui sont pourtant organisées en face à face afin que l'échange soit stimulé par les perceptions que nous avons l'un de l'autre. Un jour qu'il semble à nouveau exténué, je quitte mon fauteuil, m'approche de ce solide gaillard au visage encore enfantin et au corps trop lourd, lui donne une tape amicale sur l'épaule et lui dit : « *Vous êtes sacrément costaud !* » Je vois alors sa fatigue disparaître, son regard s'éclairer et il se met à m'expliquer qu'en effet, adolescent et jeune adulte, il pratiquait un certain nombre de sports dont l'haltérophilie et que [...]. Inutile ici de rappeler les propos qui ont suivi, ce qui est essentiel est que la sympathie exprimée verbalement et gestuellement par le soignant lui a fait plaisir et l'a sorti de son état apathique alors que des relances uniquement verbales ou des silences attentifs n'obtenaient pas d'effet. Avec des sujets, disons-le, très atteints cliniquement, de telles attitudes d'ordre affectif apportent un soutien narcissique non négligeable.

La prise en compte conjointe des aspects dynamiques et représentatifs des interactions est pertinente non seulement pour les patients psychotiques mais aussi dans les autres organisations, spécialement lors de phases régressives. Le soignant utilise alors un langage qui ne se réduit absolument pas à une articulation théorique mais qui apporte des connotations affectives dont l'importance est première. Cette participation affective du thérapeute soutient manifestement la qualité des échanges.

Les actions conscientes et contrôlées du psychothérapeute valent comme interprétations plus ou moins jouées de son propre vécu. Ni recette, ni suggestion, ces manifestations accentuées de présence sont communiquées au patient qui peut les percevoir comme signes que le soignant s'intéresse à lui en tant que personne et non en tant que malade. Elles l'aident également à mieux canaliser sa vie pulsionnelle par intériorisation du style communicationnel du psychothérapeute.

Parce que la personnalité des patients psychotiques présente des passerelles effondrées, il s'agit de relancer le travail psychique de liaison non par l'interprétation mais par la remise au travail du dynamisme interne (ce que vise aussi l'interprétation, mais ici elle n'est pas efficace).

La particularité du langage chez les sujets psychotiques, pour lesquels « *le traditionnel flou des limites du Moi s'insère normalement dans ce flou relatif des limites du mot comme porteur de sens* » (Dubor, 1971), amène le psychothérapeute à ne pas les mettre d'emblée dans une dimension de parole qui fait trop appel aux capacités d'affirmation de soi et d'individuation. On cherche préalablement à faciliter l'insertion du patient, à renforcer son sentiment personnel d'appartenance et donc une bonne assise narcissique, étape nécessaire à toute visée relationnelle correcte, c'est-à-dire ne menaçant pas ou le moins possible l'intégrité des limites et la permanence identitaire, si fragiles chez ces sujets.

Dans ses écrits (1988 et 1991), Jean Broustra exprime des intuitions analogues et surtout présente une *pratique cohérente* avec ces positions cliniques. Travaillant à l'exploration et à la description des rapports entre les pratiques expressionnelles et les démarches psychothérapiques, Broustra nous présente, et ce n'est pas si fréquent, l'image d'une psychiatrie vivante et créative. Animant des ateliers psychothérapiques d'expression (collage, peinture, théâtre...), il nous parle avec conviction des soins donnés aux personnes psychotiques. Sa méthode est active et implicante : lors des ateliers, les soignants s'investissent en créant en même temps que les soignés leurs propres productions, par exemple des collages. Il s'agit pour chacun de jouer, au sens de « *déplier sa psyché* » (Diatkine), l'ambition des thérapeutes étant de mettre en œuvre une fonction symbolique essentielle permettant l'enregistrement, l'élaboration et la communication des expériences favorables à la croissance. Leur visée n'est pas la réparation plus ou moins magique des traumatismes mais, pour chaque patient, une reconstruction créatrice. « *Il ne s'agit pas de recommencer mais de re-créer* », écrit-il.

Influencé dans ce domaine par les travaux de Prinzhorn (*Expressions de la folie*, 1922), Stern (*L'expression*, 1973) et Pagès (*Le travail amoureux*, 1977), Broustra aborde les productions des patients avec peu de présupposés théoriques, sans grille interprétative préétablie, acceptant ainsi de s'abandonner avec eux au sens inconnu. Visant la réarticulation des choses et des mots, des corps et du langage, il précise que le défaut de structure des personnes psychotiques ne doit pas aboutir à une attitude thérapeutique défaitiste mais inciter au contraire à donner plus de vitalité à leur monde psychique.

Ainsi, en donnant aux actions du sujet psychotique un statut de contenant pré-verbal et en utilisant ses capacités expressives à des fins d'ouverture créative, on œuvre certainement dans un sens positif. Cette approche thérapeutique des personnes psychotiques implique l'inclusion et l'articulation de méthodes actives et créatives issues de différents champs pratiques et théoriques.

Je voulais jusqu'ici insister sur le point suivant : la canalisation pulsionnelle et l'expression créative, cadrées par un lien thérapeutique privilégié, peuvent secondairement aboutir au travail d'élaboration mentale. Avec des sujets très fragiles, ce travail expressif libre mais cadré aide parfois à réaliser le déraisonnable autrement que par la folie.

L'inhibition relationnelle dans la névrose

Dans les névroses, la vie pulsionnelle mal gérée et les inhibitions relationnelles peuvent s'exprimer sous forme de symptômes tels les rites obsessionnels ou les peurs phobiques, et de défenses caractérielles plus aisément compréhensibles que dans les structures psychotiques. Ici, le principe de réalité n'est pas altéré et les troubles des conduites sociales restent généralement mineurs. Au premier plan se situe l'angoisse du sujet liée à des conflits conscients ou non, plus ou moins envahissants mais non déstructurants. Multifactorielle, la causalité des névroses fait une large part aux vicissitudes de l'histoire individuelle et sociale du sujet. L'activité mentale se trouve entravée non dans son fonctionnement général, qui reste approprié, mais dans sa souplesse et son adaptabilité.

Caractériseront le processus psychothérapique les résistances au changement du patient qui répétera spontanément sa problématique au détriment bien souvent de la progression de son travail. Se posent alors des interrogations sur les moyens à découvrir pour contrer cette tendance à la répétition. A propos du dispositif psychanalytique, Donnet pose la même question : « *Le cadre fonctionnera-t-il pour piéger la répétition, [...] libérant l'Eros; ou bien fonctionnera-t-il pour piéger Eros, et l'immobiliser dans les rets de la répétition ?* » (1973, p. 47-48). En effet, comment travailler la répétition sans la cautionner ? En l'interprétant bien sûr, mais généralement cela ne suffit pas. Nous pouvons aussi la jouer et aider le patient à la figurer, parfois la caricaturer pour bien l'appréhender dans un double mouvement d'implication et de recul. Il s'agit donc de mettre en acte ou en scène cette répétition et la forme singulière qu'elle prend chez chacun pour qu'apparaissent mieux ses déterminants anciens et présents et pour que naisse aussi le désir d'y mettre le holà !

Prenons l'exemple de Charlie, jeune homme très inhibé et timide, venant me consulter car ne supportant plus son mode d'existence que caractérisaient la solitude et l'ennui. Un jour qu'il me parlait de lui avec beaucoup de mépris, surtout à propos de son corps et notamment de son visage qu'il critiquait vivement, je lui proposais de se placer devant le miroir qui se trouve dans mon bureau et de me dire ce qu'il y voyait. Il répéta quelques phrases déplaisantes sur ce qu'il n'aimait pas puis, soudainement, se mit à parler de son père, homme très petit et physiquement « *peu gâté par la nature* ».

Dans le cadre de notre échange ce jour-là, il prit conscience de ce que son mépris pour son corps exprimait de dégoût pour celui de son père (le travail sur le désir pour le père étant remis à plus tard), de cette confusion qu'il faisait entre leurs deux personnes et des éléments de son scénario de vie qui répétaient exactement celui du père : celui-ci n'avait pas eu de rapport sexuel avant le décès de sa propre mère (il avait alors plus de quarante ans) et Charlie attendait la mort de sa mère pour trouver une première partenaire ; le père était policier et Charlie, bien que non intéressé par ce métier, l'exerçait sans s'y investir. Le travail actif, autant corporel-émotionnel que verbal-représentatif, a facilité une prise de conscience, et plus particulièrement ici la prise de conscience de ce qui se répétait et de ce qui s'était transmis de père à fils. Cette séance avec Charlie s'est achevée comme suit :

Lui : « *C'est donc après lui que j'en ai !* »

Moi : « *C'est le père en toi que tu attaques.* »

Aux séances suivantes, il a pu exprimer ses critiques qui jusqu'à présent se trouvaient imprimées en lui, et réprimées, sans possibilité de s'en distancier et de repérer leur origine. Dans le dispositif de travail, le recours au miroir a permis cette distanciation qui est nécessaire à la compréhension de soi-même.

C'est pourquoi la mise en acte est une voie thérapeutique de dégagement, y compris dans ces formes cliniques moins lourdement pathologiques que constituent les états névrotiques par rapport aux psychoses.

Ces personnes ont des habitudes mentales et comportementales qu'il convient de leur indiquer dans l'actualité des échanges pour que ces conduites stéréotypées deviennent conscientes et modifiables. Le plus efficace sur ce point reste *l'expérience de nouvelles attitudes dans le cadre de la relation thérapeutique*. Oser communiquer de nouvelle manière, s'affirmer autrement, jouer à être l'opposé de ce que l'on croit être sont des expériences qui peuvent changer quelqu'un pour quelques minutes ou pour toujours. Ces changements sont souvent partiels mais ajoutés les uns aux autres, au fil temporel des séances, ils finissent par constituer un authentique et durable changement du mode d'être.

Ne plus répéter encore et encore les mêmes attitudes, comme l'isolement ou la futilité, est le bénéfice possible d'un travail psychothérapique activateur et implicant. Les exemples seraient nombreux : exprimer son plaisir à râler au lieu de se plaindre incessamment et médiocrement ; s'autoriser à vider son sac alors que l'on s'en est toujours empêché et s'apercevoir que cela ne tue pas la relation (beaucoup de personnes croient que si elles perdent le contrôle, l'effet sera terrible, dévastateur ou mortel : quelle surprise quand elles le font et vivent le caractère positif de cette nouvelle attitude qui n'a anéanti ni les personnes ni le lien) ; sangloter dans les bras du thérapeute alors que depuis des années, on attend d'être seul(e) dans sa chambre pour pleurer de plus en plus désespérément, etc.

Faire la liste de toutes ces actions serait impossible et inutile. L'essentiel reste que les bénéfices que le sujet en retire ne sont pas superficiels. S'ils le sont, c'est que le travail complémentaire d'élaboration n'a pas été effectué. L'innovation relationnelle ne permet la réparation de blessures anciennes et le dégagement de mécanismes névrotiques, répétitifs, de fonctionnement qu'à la condition de s'inscrire dans un processus d'exploration réflexive de soi-même et de son mode d'être. Sinon, il s'agit tout au plus de correctifs comportementaux qui, s'ils ne sont pas négligeables, ne constituent toutefois pas une psychothérapie. Celle-ci intègre l'exploration des scénarios non conscients. Cette exploration n'exclut pas mais inclut prioritairement le travail concret et thérapeutiquement productif d'amélioration de la relation à soi-même et à autrui.

Spécificités de la vie relationnelle dans les aménagements intermédiaires
(sujets-limites entre névrose et psychose et troubles graves du narcissisme)

Cette catégorie des aménagements intermédiaires concerne les sujets-limites, c'est-à-dire les personnes dont les organisations d'allure névrotique laissent apparaître, au fur et à mesure que le processus psychothérapique se développe, des modes de fonctionnement mental proches des structures psychotiques. Elle comprend également les personnalités dites « narcissiques », celles qui présentent en fait une faille dans l'investissement d'elles-mêmes, c'est-à-dire qui manquent d'amour pour elles-mêmes. Même s'il existe des différences entre ces organisations, il est possible de les présenter sous une même rubrique générale pour les mêmes raisons qui nous ont fait regrouper les différentes névroses entre elles, et les différentes psychoses entre elles. Green, qui a pourtant publié un ouvrage sur chacune d'elles, nous dit qu'« *une distinction trop tranchée entre structures narcissiques et cas-limites n'a pour résultat qu'un compartimentage artificiel, que la complexité des problèmes cliniques a tôt fait de démentir* » (*Narcissisme de vie, narcissisme de mort*, 1983, p. 15).

La dynamique transférentielle et les phases régressives liées au traitement ou à des événements de vie sont les espaces d'expression privilégiés du noyau psychotique de ces patients et des systèmes défensifs associés.

Disons tout d'abord que ces personnes posent avec acuité la question de la *distance* dans le travail thérapeutique. Avec elles, l'adéquation physique, spatiale et temporelle des rencontres soutient fortement les bénéfices qu'elles peuvent en retirer. La distance physique adéquate, à explorer et négocier avec chacun, influence la qualité de la distance psychique, ces deux niveaux étant limités d'un côté par un manque de communication, ressenti comme une absence ou une perte, et de l'autre par un style communicationnel trop riche, vécu comme une intrusion.

Ces patients ont particulièrement besoin de trouver dans l'échange d'une part le bon rythme des rencontres, le nombre de jours entre deux séances doit faire l'objet d'une attention particulière et ne peut dépendre du hasard, et d'autre part, à l'intérieur des séances, une juste répartition des moments de rapprochement physique incluant l'autorisation du contact corporel, et de distanciation. L'articulation de l'implication active et du travail d'élaboration verbale se double ici, de manière plus évidente que dans les autres catégories, d'une dialectique de la présence et de l'absence.

Bien sûr, tous ne réagissent pas pareillement aux temps de présence, aux temps d'absence et à leur succession.

Certains, en présence du psychothérapeute, ont un fonctionnement mental amélioré : tranquillisés par la situation, ils s'y déploient avec ce qui peut apparaître comme de l'aisance. Mais la perspective d'une absence, les vacances par exemple, suscite une angoisse telle qu'elle peut balayer les bienfaits qui semblaient si ce n'est acquis du moins prometteurs.

D'autres au contraire présentent des capacités de symbolisation sidérées en présence de cet autrui particulièrement investi qu'est le psychothérapeute : ainsi Claudine, quand elle entrait dans mon bureau et s'allongeait sur le divan, constatait presque à chaque fois le vide qui soudain l'envahissait et empêchait toute pensée un tant soit peu construite ainsi que les liens entre les mots qu'elle exprimait. En dehors des séances, par contre, elle pouvait mieux mentaliser son vécu et me parler, se référant alors à ma présence en elle appréhendée comme une aide bienvenue alors que ma proximité réelle, physique, évacuait toute possibilité de profiter dans l'instant de l'échange. La mobilisation des capacités d'élaboration ne pouvait s'effectuer qu'en mon absence mais les temps de rencontre étaient tout de même nécessaires (deux séances par semaine pour cette personne) pour me stabiliser en tant que présence intérieure.

D'autres encore sont surtout sensibles, pendant les séances, à la présence mentale du psychothérapeute, aux variations de sa disponibilité psychique qu'ils semblent capter avec finesse et profondeur.

Sur le thème de l'articulation entre présence et absence, citons les travaux de Marcelli qui s'est interrogé sur le rôle de l'absence dans les interactions précoces (1986). Il a noté l'importance du facteur temps : la nature rythmique des échanges et des contacts entre le bébé et sa mère permet l'organisation progressive du temps humain. Le temps rythmé, la répétition, devient un facteur de base pour qu'apparaisse la figurabilité des expériences éprouvées : « *Selon cette hypothèse, la première pensée du bébé, si nous entendons par "pensée" une activité neurocérébrale qui ne soit pas sous la dépendance totale des perceptions sensorielles du moment, pourrait se formuler ainsi : "Après ça, y aura autre chose"* » (p. 77).

Cette prise de conscience par le bébé que les expériences se succèdent permettra l'accès ultérieur, dans un second temps, à la figuration de ces expériences puis à des séquences d'expériences et de conduites de plus en plus complexes. La prévisibilité est donc un facteur essentiel de l'organisation de la psyché et l'état d'anticipation une disposition psychique propice au surgissement et à la confirmation de l'activité de penser. L'auteur conclut : « *La pensée symbolique ne trouve pas plus son origine dans l'absence de l'objet (source de satisfaction du besoin) que dans la présence de cet objet. C'est dans l'alternance des présences-absences, leurs répétitions régulières, dans l'entre-deux de cette présence-absence, qu'elle surgira* » (p. 82).

Mon expérience professionnelle au sujet des personnalités limites entre névrose et psychose me fait émettre l'hypothèse que pour beaucoup d'entre elles ce rythme de la présence et de l'absence fut inadéquat au cours de leur première enfance. Les variations de la rencontre thérapeutique sont donc aussi, et notamment pour ces patients, au service de la découverte de l'adéquation du rythme des temps de présence et d'absence, en visant son optimalisation.

Rappelons que l'absence est à distinguer tant de la présence, parfois ressentie par ces personnes comme intrusive et nécessitant dès lors d'être rejetée, que de la perte vécue comme disparition menaçante. Ce problème de l'absence commande des choix techniques de la part du psychothérapeute dont le silence trop systématique peut être ressenti comme silence de mort ou comme confirmant l'inaccessibilité d'autrui, ou dont les réponses trop hâtives peuvent enkyster une relation d'objet intrapsychique restée balbutiante. Il convient d'aider ces sujets dans leur effort pour accéder à une pensée de l'objet interne, et donc à la pensée, qui sorte de l'alternative de la persécution et de la perte.

Par exemple, lors du travail avec Blandine (chapitre 4), le temps séparant deux séances ne pouvait excéder quatre ou cinq jours sinon cette patiente désinvestissait la relation thérapeutique devenue sans substance. De même qu'il ne pouvait être trop diminué, un insuffisant délai entre deux rendez-vous l'amenant à ne plus penser qu'à son thérapeute et à ne plus investir l'existence qu'en fonction des séances, ce qui l'invalidait dans son cheminement professionnel. De plus, pendant les séances, nous fîmes très attention à associer correctement pour elle les temps de rapprochement corporel (je la recevais dans mes bras régulièrement et à sa demande) et les moments d'échange verbal en position séparée (chacun dans son fauteuil).

Ainsi l'évaluation de la distance relationnelle et la détermination du rythme des échanges sont complémentaires. Sans cette approche souple, il arrivait à cette patiente de se recroqueviller sur elle-même, immobile et mutique pendant des séances entières. Elle repliait alors sa psyché et son corps sur un mode psychotique d'allure autistique très impressionnant et inquiétant.

Le rythme des expériences et des échanges est une condition du développement psychique. Cette rythmicité, nous l'avons vu, permet le surgissement d'une pensée sur le temps, c'est-à-dire l'apparition de la pensée. Le jeu relationnel scandé, dans ses temps forts mais aussi dans les silences qu'il nécessite, favorise ainsi l'émergence d'un sens. Par cette formule *jeu relationnel*, je n'entends pas une distraction ludique, encore que l'amusement et le rire y aient leur place, mais l'exploration des différentes modalités du lien. En jouant ensemble, patients et psychothérapeutes s'inventent une aire expérientielle toujours singulière où peuvent coexister la réalité et l'illusion. Ils se créent et exploitent une aire intermédiaire génératrice de sens.

Les sujets dits *limites* ont également cette particularité de mal différencier l'interpsychique (relations avec autrui) de l'intrapsychique (dialogue interne), ce qui se traduit fortement dans leur rapport au psychothérapeute sur lequel les projections se font à vif. L'attitude de celui-ci, sa résonance affective profonde et non son masque professionnel, me semble l'essentiel de ce que ces patients ressentent, perçoivent et vis-à-vis de quoi ils réagissent. Ils le font inconsciemment le plus souvent et il est d'autant plus important que le psychothérapeute puisse interagir avec authenticité vis-à-vis de ses propres élans. Il ne s'agit pas de leur dire tout ce qu'il rencontre en lui-même mais de décider que tout ce qu'il communique de lui soit vrai.

La nécessité de l'action relationnelle apparaît clairement avec ces personnes qui, bien qu'ayant acquis un langage symbolisant, peinent à utiliser constructivement leur discours. Elles peinent à mettre en pensées justement incarnées, ni trop d'affects ni trop peu, et à transmettre par le langage les subtilités et les ambiguïtés de leur vécu. Souvent, leurs paroles les trompent. Le passage par l'expression gestuelle, corporelle, émotionnelle ou par une technique créative, favorise alors la découverte des mots justes, ceux qui ont vraiment du sens pour cette personne-là, à ce moment-là.

Pendant quelques semaines, Blandine a désiré utiliser un cahier, dont j'avais accepté le dépôt permanent dans mon bureau, pour *dessiner des mots qu'elle pensait* (la formule s'avère plus adéquate ici que le mot *écrire*). Elle ne pouvait les exprimer verbalement car ils lui apparaissaient dans son espace interne trop angoissants pour être partagés. Elle agit ainsi plusieurs fois, les mots étant jetés rageusement ou craintivement posés sur les pages pour ensuite être lus d'abord par moi, le temps qu'elle puisse en apprivoiser la charge émotionnelle, ensuite par elle sans désorganisation marquée. Cette forme d'expression se situe entre créativité (le dessin des mots) et symptôme (certains mots pris pour des choses). Cet exemple est illustratif de ce que je nommais précédemment un jeu relationnel.

De même, pendant qu'elle me serrait avec force contre elle, je lisais parfois à voix haute des lettres qu'elle avait écrites à mon intention sans me les adresser et qu'elle me remettait lors de la séance. En fait, elle s'agrippait physiquement à moi puis progressivement parvenait à la détente et, après ma lecture, verbalisait son vécu. Ce furent des moments précieux pour son mouvement évolutif et je peux dire, avec Dubor, que le psychothérapeute ne doit pas recourir « *au seul hasard pour décider de l'opportunité de telle ou telle intervention active, pas plus que la mère de la créativité primaire "ne doit se prendre les pieds dans le tapis" pour apporter à son enfant l'objet médiateur dont il a besoin* » (1988, p. 11).

Le psychothérapeute peut en effet, s'il se veut agent de changement et pas seulement auteur d'analyses, se montrer disponible physiquement et affectivement aussi bien que psychiquement, s'investir dans l'échange en faisant en sorte que son implication et sa force communicationnelle viennent stimuler celles de son patient.

Nous allons maintenant, sur une base clinique, préciser les modalités et les conditions de cette implication du psychothérapeute.

4

L'implication du psychothérapeute

Je vais présenter tout d'abord le travail thérapeutique effectué avec Blandine, ou plutôt que Blandine a effectué avec moi puisqu'elle fut à l'origine de la plupart des aménagements de la relation que je vais exposer.

Puis je ferai quelques commentaires sur les modalités de la relation thérapeutique et notamment sur leur valeur de dégagement.

Je conclurai ce chapitre par quelques précisions concernant l'implication contrôlée du psychothérapeute.

L'aménagement du cadre et de la relation

« *Derrière un mur sans faille*
il y a mon regard
qui m'aidera à briser la première pierre ? »
(lettre de Blandine).

Blandine est une femme d'une cinquantaine d'années, séparée de son mari. Issue d'un milieu modeste, elle vit en banlieue parisienne. Sa trajectoire thérapeutique comprend : un an et demi de psychothérapie analytique individuelle avec un psychiatre-psychanalyste, reprise, huit ans plus tard, pendant sept années ; puis deux ans de travail en groupe avec un psychiatre bio-énergéticien ; enfin cinq ans de psychothérapie individuelle avec moi.

Les caractéristiques de ce travail m'incitent à l'exposer partiellement ici car s'y présentent pour Blandine une obtention d'aménagements singuliers de nos rencontres qui s'avéreront des temps thérapeutiques féconds, pour moi une implication communicationnelle et corporelle spécifique, et pour le cadre des modifications du dispositif habituel intéressantes par leurs effets sur le processus.

Je vais présenter cette psychothérapie en trois étapes.

Premièrement, je donnerai quelques éléments d'anamnèse montrant notamment les intrusions précoces dont a souffert Blandine dans son corps et dans son psychisme. Ceci nous permettra de mieux saisir l'importance des aménagements de notre relation aux niveaux concrets et symboliques.

Deuxièmement, j'évoquerai l'évolution de son parcours thérapeutique et de notre travail.

Enfin, je partagerai quelques réflexions sur le rapprochement corporel et mental entre cette personne et moi.

Pendant la première année de notre travail, Blandine s'exprime très peu. Durant les séances, l'atmosphère est très lourde car cette patiente est assise face à moi, le regard rivé sur un coin de la pièce puis progressivement et de manière répétitive je la vois s'éteindre, se replier : elle ferme les yeux, se les cache avec une main, respire faiblement et finalement se recroqueville dans le fauteuil. Le silence est quasi complet. Mes tentatives verbales de soutien n'apportent en apparence aucun effet positif.

Heureusement, elle m'écrit. Après chaque séance, une par semaine au début, je reçois une ou deux lettres dans lesquelles elle me livre son vécu, la façon dont elle a reçu mes interventions verbales et me fait part de ce qu'elle aurait aimé dire ou faire. Ses lettres me permettront de mieux cerner les enjeux actualisés en elle par nos rencontres et, lors des séances ultérieures, d'avoir des attitudes et une verbalisation mieux adaptées.

C'est essentiellement sur la base de cet important matériel — je possède plus de trois cents lettres — que j'ai reconstitué son histoire. Je n'en livrerai ici que les éléments principaux. Les phrases en italiques sont directement extraites de la correspondance de la patiente, les extraits soulignés le sont par moi, pour appuyer leur intérêt historique ou leur valeur psychodynamique.

Éléments d'anamnèse

Blandine a un frère et une sœur ainsi qu'un demi-frère et une demi-sœur, elle-même occupant la place médiane. Cependant, elle est la cinquième grossesse de sa mère qui fit deux fausses couches et qui « *a subi les grossesses comme elle a subi le mariage* ». Concernant la petite enfance, elle se souvient d'une parole de sa mère lui disant qu'elle était collante. Blandine était cependant décrite par son entourage comme une enfant très vivante. Elle-même a peu de souvenirs mais sait qu'elle dormait dans la chambre de ses parents et qu'elle obtint en maternelle le prix du contentement perpétuel.

A six ans, Milos arrive dans la famille. Il s'agit d'un réfugié qui devient l'amant de la mère avant d'avoir des attouchements sexuels sur Blandine qui iront jusqu'au viol alors qu'elle a huit ans. « *Tout s'est écroulé. Très bons résultats scolaires avant, chute après. Déménagements en catastrophe car la famille de mon père nous rejetait... Nouvelle maison non terminée avec une échelle posée sur le ciment. Rupture de contact avec le monde, rupture de contact avec la famille, rupture de contact entre mes parents. Rupture de tout, tout s'écroule. Je me suis sentie de plus en plus perdue, gênée, honteuse, inférieure, nulle, seule.* »

De dix à vingt ans, Blandine verra sa vie se délabrer : « *Grande, grande tristesse, grande, grande solitude, seule, sans père, sans mère* (il s'agit de son vécu interne ; dans la réalité historique, elle vit avec ses parents), *complètement abandonnée, les seuls souvenirs que j'ai sont sexuels. Par exemple, un jour nous étions en promenade avec mes parents, Milos et la fratrie. J'étais très jeune. Tout le monde va marcher sauf Milos et moi qui restons dans la voiture. Au retour, un des enfants dit très fort : la couverture est toute mouillée. Je dis que c'est Milos qui a fait pipi du lait. Cela n'a entraîné ancune réaction de mes parents !* ***Pour moi, sexualité et abandon sont liés.*** »

En plus des contacts sexuels avec Milos qui dureront plusieurs années, il y aura aussi des caresses précises données par le grand-père maternel, pédophile avéré chez qui les petits enfants iront séparément, car il l'exigeait, et souffriront tous plus ou moins de ses intentions perverses.

Au sortir de l'adolescence ont lieu les premiers contacts avec Roland, son futur mari : « *Ma mère à l'époque était la maîtresse du beau-frère de Roland. Souvenir très violent de Roland essayant de passer sa main entre mes jambes. Moi, raide,* ***incapable de lui dire*** *de s'en aller. [...] A l'époque il couchait aussi avec ma mère !* » [Blandine ne l'apprendra que plusieurs années après son mariage avec Roland] ; « *première dépression; je vais de plus en plus mal; angoisse terrible. [...]* ***Tentative de suicide*** *en avalant tous les comprimés que j'ai. Cela faisait un an déjà que j'étais en thérapie. Quelques mois plus tard, j'écris au psy : ça ne sert à rien, je ne viendrai plus aux rendez-vous où j'allais tous les samedi accompagnée de mon père.* »

Quand Roland décide de leurs fiançailles, elle « *acquiesce sans piper* ». Enceinte, elle accepte cette grossesse pour faire plaisir à Roland mais doit suivre un « *traitement pour ne pas perdre* » l'enfant car le col est ouvert et elle a un problème hormonal. Le cerclage est décidé puis l'hospitalisation. Naissance de sa fille à cinq mois et trois semaines. Dans cette période, son père va très mal : « *Le médecin lui donne des antidépresseurs, dose optimale, déstabilisation totale puis le psy bascule comme un con dans le traitement inverse : haldol-largactyl + autres saloperies. Je suis là impuissante.* ***J'ai très peur mais je suis incapable d'agir****. [...] mon père se donne la mort. J'étouffe de douleur. J'écris une lettre au docteur P. Je veux mourir. J'écris, j'écris, j'écris. Une, deux puis trois séances par semaine. [...] Mon couple dérive. Je m'enferme d'année en année. [...] Roland a une maîtresse. Je fais ses valises, il s'en va. [...] Le père de ma mère décède. Roland vient aux obsèques. Je vais très mal. Le jour de l'enterrement, je m'enferme toute la journée.* ***Roland m'a blessée à mort le matin par des mots****. Je lui téléphone : c'est fini entre nous ? Il répond oui. Je raccroche et je bascule : la mort. C'est fini. Je tue Patricia et je me tue.* »

Elle tente de tuer sa fille et de se suicider selon des modalités douloureuses que je préfère ne pas évoquer. Elle se réveillera à l'hôpital, elle et sa fille survivant à cette épreuve. Elle sera alors enfermée en prison avant de passer devant un tribunal, puis elle ira trois mois en hôpital psychiatrique : « *Les neuroleptiques m'ont été injectés de force, d'un seul coup. A mon arrivée, déculottée de force + piqûres alors que je leur verbalisais que les anti-dépresseurs me terrorisaient. Crises d'angoisse... Une infirmière m'a aidée à marcher, m'a parlé,* ***je lui ai demandé de me donner la main que j'ai tenue puis si je pouvais la mettre sur ma joue.*** »

Cette capacité de Blandine à déterminer ce qui peut être adéquat de la part d'autrui pour la soutenir puis à demander cette aide sera précieuse tout au long de notre travail. Après son séjour psychiatrique, elle trouve un emploi et décrit cette période comme un combat : « *Lutter pour vivre, lutter pour chasser la psychiatrie de mon corps. Il reste tant à faire, à la moindre difficulté je m'écroule.* ***M'enfermer pour me protéger.*** »

Le travail psychothérapeutique de Blandine

Je possède peu d'informations sur le lien thérapeutique avec le Dr P., qui fut pourtant son premier analyste et ce pendant huit ans, répartis sur seize années. Elle m'écrira seulement qu'elle lui en veut beaucoup de n'être pas sorti de sa réserve quand elle lui a annoncé son projet de se suicider, quelque temps avant de passer à l'acte. Elle lui exprimait également son besoin de contact : « *Quand ça allait mal, je rêvais de me blottir dans ses bras et je le lui ai exprimé.* »

Elle évoqua davantage sa thérapie avec le Dr L. Il s'est agi d'un travail groupal dense, activateur, centré sur la désinhibition de l'expression émotionnelle. Compte tenu des difficultés de communication présentées par notre patiente, cette thérapie s'est avérée particulièrement bénéfique, la personnalité riche et créative du Dr L., que je connais, permettant à Blandine, malgré sa sensibilité exacerbée, d'émousser un certain nombre de blocages relationnels et d'améliorer son quotidien. Mais ce travail en groupe a aussi confirmé l'intensité des troubles et la solidité des résistances de cette personne.

Abordons maintenant son travail avec moi. Comme je l'ai indiqué, le climat des séances était très lourd pendant la première année de thérapie. Les écrits de cette patiente m'aidaient progressivement à mieux la connaître, à mieux la « sentir », et ainsi à mieux m'adapter à sa personnalité, mais son repli était pour moi difficile à supporter. Je me sentais impuissant face à la répétition de son enfermement et m'en trouvais parfois agacé, fatigué, souvent découragé. Elle m'en avait d'ailleurs lucidement averti dans une lettre : « *Mes résistances vont être terribles !* »

Le thème du regard est omniprésent d'emblée et sera à l'origine de la plupart des aménagements du dispositif dont il va être question. Blandine m'écrit qu'elle ne supporte pas que je la regarde. Je propose alors en séance de rester les yeux clos afin qu'elle puisse me voir et observer mon cabinet, c'est-à-dire le cadre concret des séances. Aucune réponse, le mutisme était alors presque total. Je décide de fermer les yeux, de le lui signaler. Quand elle voudra, elle pourra regarder en toute sécurité. Plusieurs séances auront lieu ainsi, toujours dans le silence jusqu'à ce qu'un jour, elle lève la tête pour m'observer. Ayant réellement les yeux fermés, je l'apprendrai plus tard dans l'un de ses écrits.

Dans une lettre ultérieure, j'obtiendrai un indice rendant intelligible cette impossibilité de regarder et d'être regardée : « *Je veux vivre dans le noir parce que ma mère a les yeux qui tuent* » puis : « *J'ai les yeux qui tuent* » — phrases dans lesquelles l'identification à la mère dangereuse perce nettement. Apparaît aussi le thème de la non-séparation : la haine meurtrière se trouve-t-elle chez la mère, chez la fille ou dans leur lien ?

Lors d'une séance où son blocage était total, je lui verbalise que dans notre rencontre, il n'y aura pas de passage à l'acte de moi vers elle, jamais. Ceci pour moi était évident mais je comprenais que, compte tenu de son passé qui m'était révélé progressivement par ses écrits et de son état pendant les séances, la situation d'être seule avec un homme pouvait lui apparaître dangereuse. Il n'y eut aucune réaction pendant la séance mais elle m'écrira ensuite : « *Merci Alain* (lors des premiers entretiens, nous prîmes l'habitude de nous appeler par nos prénoms et de nous tutoyer. Quand la psychothérapie avec moi fut décidée, nous avons conservé ce mode de communication qui n'a rien de systématique dans ma pratique ; si j'appelle souvent les patients par leur prénom, généralement je les vouvoie) *enfin une page tournée quand tu as dit qu'il n'y aura pas de passage à l'acte. Comprendre le rapport entre toi, mon père, Milos et les hommes... Tous les hommes sont des violeurs. Je recherche sans arrêt des bras sécurisants et je n'ai jamais été bien dans les bras de quiconque.* »

Ceci va être immédiatement démenti : « *Durant l'été 54, je tombe et m'ouvre le genou. Mon père vole à mon secours et me prend dans ses bras. J'étais en sécurité. Il ne m'a pas engueulée. J. (le Docteur L.) m'a prise dans ses bras et c'est à partir de là que le travail avec lui a pu commencer...* » Blandine m'indique déjà que l'enlacement corporel est une modalité de contact souhaitable pour elle, mais pas encore explicitement souhaitée.

Sa difficulté à me faire confiance (je pouvais ouvrir les yeux à n'importe quel moment) m'incite à lui proposer une modification de la rencontre qu'elle-même avait suggérée par écrit : « *Si tu me tournais le dos, je pourrais peut-être te regarder.* » Nos séances se dérouleront ainsi pendant un semestre environ : je suis dans un fauteuil face au mur, Blandine se trouve dans le coin opposé, face à la pièce. Au début, le silence subsistera, parfois quelques phrases jalonneront la séance et d'autres fois il s'agira d'un discours continu que j'aurai quelques difficultés à interrompre.

A cette époque, Blandine commence dans ses lettres à me féminiser. Elle me nomme Aline puis Alaïne, comme dans cet extrait : « *Aline je te déteste; ma poupée de chiffon = cette sale petite fille blonde est hideuse.* » Cette poupée, qu'elle avait confectionnée elle-même, cette « *sale petite fille blonde* », c'est elle-même enfant lors d'un souvenir précis : assise sur les genoux de Milos, elle lui avait demandé sur un ton ambigu : « *Sais-tu où je suis chatouilleuse ?* » Cette provocation érotique est depuis source d'une culpabilité énorme. « *C'est Aline la hideuse, je veux couper le sexe d'Alain, je veux arracher mon sexe, couper mes seins, ne plus rien avoir ni l'un ni l'autre, être tranquille enfin.* »

Elle m'écrira pendant cette période avoir été blessée moralement par une interprétation que je lui avais faite : comme elle me parlait de manière très élaborée (elle avait un discours très bien construit mais contrôlé, en contraste avec ses écrits plus spontanés et usant d'un vocabulaire plus cru), j'avais formulé : « *Tu ne veux me donner que des phrases toutes jolies.* » Elle a reçu cette interprétation comme un reproche (comme souvent les sujets-limites qui ne perçoivent pas les interventions du psychothérapeute comme des interprétations mais comme des critiques ou des jugements), « reproche » qui lui a fait très mal : « *Tu n'as pas valorisé le fait que je pouvais maintenant dire des choses qu'avant je taisais.* »

Cette remarque est pertinente. Au lieu de la soutenir dans ses efforts communicationnels, j'avais interprété un désir de séduction alors que ce qui était en jeu n'était pas principalement de cet ordre (je pense toutefois que cet élément existait bien, mais secondairement). Cette erreur d'appréciation me fit ensuite davantage élaborer mes interventions, la sensibilité extrême de cette patiente l'amenant parfois, quand elle était blessée psychologiquement, à se faire mal aussi dans son corps. Rappelons-nous que le jour de son passage à l'acte sur elle et sur sa fille, son mari l'avait le matin « *blessée à mort par des mots* ».

Retrouvons des éléments de sa correspondance : « *Premier janvier : le jour se lève. Avant d'aller me coucher, je veux te donner une partie de ma joie et de mon "je suis bien". Mon frère a repassé une vidéo de Noël 19.. : je suis figée, rigide, la parfaite déprimée. Cette nuit, il nous a filmé et a projeté aussitôt la cassette; transformation sidérante, je souris, je regarde le camescope, je parle. Enfin je suis en train de vivre !* »

Trois mois plus tard : « *Mes yeux sont vides de contact, mon ventre est plein de merde, ma tête déborde de merde, ma mère me fait horreur. Moi, je me fais horreur quand je bouffe, je remplis ma bouche sans discontinuer, je remplis le vide de ma bouche, je bourre. Je suis une droguée du remplissage de la bouche. Ma bouche, un gouffre à plaisir insatisfait. [...] Je suis dangereuse; une petite fille qui peut troubler un homme et le rendre déviant. Je suis démoniaque. [...] Mettre fin à ma vie, ce n'est pas possible de vivre sans être aimée, je n'aime personne non plus. Je vais tuer Alain au lieu de me foutre en l'air moi. [...] J'aimerais que dans ton bureau, quelqu'un me donne le biberon en me berçant. Ce soir, tu ne m'as pas bercée avec tes mots, tu es un salaud. Alain, je t'aime.* »

Le clivage devient évident. Tantôt je suis Alain-le-bon, « *Alain câlin, Alain le lien, m'imprégner de toi...* », tantôt je suis Alaïne-la-mauvaise, Alaïne se transformant en « à la haine ». Les deux images finiront par s'assembler comme dans l'extrait suivant : « *Me bercer de Alaïne, si je ne peux pas être dans tes bras, je me mets dans les bras du mot Alaïne, du nom Alaïne. Si Alaïne était une femme, elle serait belle, sentant bon, enveloppante, douce, chaude. J'ai toujours froid. Je pourrais demander à Alaïne de rapprocher son fauteuil. Et penser, je vais tout casser, tout va imploser en moi. Alaïne elle pue, elle est moche, elle fait mal, elle crie, elle angoisse. Si je m'approche, c'est pour la taper. Alaïne maman. [...] Alain est là. Il réajuste les mots, les mouvements, il est présent, sensible, respectueux. Aurait-il toutes les qualités requises pour être vraiment une bonne Alaïne ?* »

Le *besoin de contact corporel* apparaît de plus en plus clairement : « *Je voudrais m'approcher d'Alaïne mais j'ai la trouille... J'apprivoise l'espace qu'il y a entre nous, il me faut beaucoup de temps... Si le contact physique se produisait, il serait mauvais donc décevant donc destructeur. Autant refuser tout en bloc ainsi il n'y aura pas de déchirement, de déception, de terreur... Ma mère est à tuer, c'est elle ou c'est nous* [avec sa fille]. »

Cet extrait nous aide à percevoir que dans la tentative de tuer sa fille et de se suicider se rejoue quelque chose de l'impossible attaque contre la mère. Se renforce aussi une hypothèse clinique centrale pour comprendre la problématique de Blandine : l'hypothèse d'une inadéquation dans l'échange corporel et émotionnel primitif avec la mère, perturbation communicationnelle précoce que viendront mettre à jour avec violence les intrusions ultérieures, à savoir les relations sexuelles pendant l'enfance avec l'amant de la mère (je précise ce point quelques pages plus loin) ; « *Rêver qu'un jour Alain-Alaïne me prenne dans ses bras avec douceur, enveloppant, avec les bras d'une vraie maman.* »

Elle écrit deux mois plus tard (je signale ces références temporelles, imprécises par discrétion, pour donner un *rythme* à ma présentation, car cette respiration rythmée du texte nous dit aussi quelque chose du travail dont il est question. J'ai évoqué précédemment l'importance du rythme dans les prémisses du fonctionnement mental. Les différentes modalités d'appréhension du rythme, qu'il soit interne ou relationnel, et notamment l'oscillation entre la présence et l'absence, sont en jeu dans la problématique de Blandine et dans le travail thérapeutique avec elle) : « *J'ai besoin d'Alaïne pour redevenir vraiment petite et être enveloppée. Redevenir très petite en pleine confiance pour reprendre goût à la vie. Est-il possible qu'Alain devienne Alaïne ? [...] Promets-moi, tant que j'aurai besoin de toi, tu ne m'abandonneras pas, j'ai besoin de toi pour vivre. [...] Vouloir maintenir le lien par l'écriture. [...] Alaïne, j'ai besoin que tu sois très penchée vers moi, que tu me regardes avec douceur, avec tendresse, avec vraiment beaucoup d'amour. Alaïne, tu m'aimes ?*

J'ai la trouille d'accepter ce contact tant désiré qui n'est d'ailleurs pas un désir : c'est un besoin, c'est une nécessité. J'ai besoin de contact pour appréhender ensuite la vie. [...] Je pense moins "être dans les bras" mais "être en contact" c'est-à-dire être sentie, regardée, caressée, portée vers la vie. ***Être en contact = être enveloppée.*** »

Elle me communique un mois plus tard : « *Je suis partie en colère de ton bureau, j'ai envie de te tuer. Je suis bien contente de vouloir te tuer toi au lieu de vouloir me foutre en l'air moi : vouloir te tuer au lieu de me détruire. Pendant la soirée, retournement de situation où j'ai pensé me couper les veines au lieu de te tuer toi. [...] Si enfin je tombais amoureuse et que je puisse voler vers les bras d'un homme, ce serait merveilleux et extraordinaire. J'espère toujours. Mais si je rencontrais quelqu'un, j'établirais la même relation foireuse qu'avec Roland = fille-père ou bébé-thérapeute. Alors j'attends de modifier mon comportement sinon à quoi bon chercher une relation qui se cassera la gueule de toutes façons. [...] J'ai perdu mon père en me tournant vers Milos* [l'amant de la mère]. *Je me suis immiscée dans la relation entre ma mère, mon père et Milos en entrant en relation avec Milos. En prenant Milos à ma mère, je la renvoyais à mon père.* »

Plusieurs éléments sont remarquables dans ce passage : premièrement, le rôle actif de Blandine dans la mise en place de la relation avec Milos alors que son statut de victime sera souvent mis en avant par ailleurs, relativisant sa responsabilité et visant le soulagement de son sentiment extrême de culpabilité ; deuxièmement, la parade contre ses désirs œdipiens en tentant de rapprocher le couple parental ; troisièmement, le besoin connexe de vivre au contact de parents unis et de sentir la sécurité que cette union procure.

« *J'ai besoin de contacts gavages, de contacts forts, denses presque uniquement centrés sur moi. J'ai besoin d'être gavée de contacts.* » En accord avec Blandine sur ce besoin et sensible à l'important écart entre le ton de ses écrits et l'atmosphère froide des séances, je lui propose que nous ayons un contact physique mais la question se pose : comment ? C'est Blandine qui suggérera le nouvel aménagement des séances. Il s'agit là d'ailleurs d'un trait essentiel de notre alliance thérapeutique, l'adaptation se faisant de moi vers elle par acceptation et réalisation de ses demandes au lieu d'imposer rigidement et stérilement la même procédure. Il est en effet plus fécond de faire confiance à la connaissance qu'a le patient de ce qui est adéquat pour soulager ses angoisses et de répondre positivement à ses demandes plutôt que d'imposer un renoncement prématuré à celles-ci.

Notons que cette acceptation ne va pas de soi et, concernant Blandine, a résulté le plus souvent d'une négociation entre elle et moi. Ce dialogue est en lui-même structurant car fondé sur la reconnaissance des besoins de la patiente, sur la recherche commune de leur satisfaction partielle, et parallèlement sur le maintien de l'altérité de l'interlocuteur-thérapeute.

Dans un premier temps, nous nous mettons dans nos fauteuils respectifs puis, quand Blandine le souhaite, elle demande à s'asseoir au centre de la pièce. J'acquiesce verbalement et quand elle est assise, la tête sur les genoux, je me lève et viens me placer face à elle dans un fauteuil bas. Au bout d'un temps variable, elle s'approche et s'appuie contre moi, le visage toujours couvert par l'un de ses bras. Au début, elle ne se laissait pas aller puis progressivement s'est détendue, le contact devenant plus doux, plus chaleureux : « *Alain câlin, alain ta main. Mercredi, tu as mis tes deux mains sur mon dos. Aujourd'hui, il n'y avait qu'une main. Tes mains sont très chaudes. [...]* ***Le contact-pensée calmant, lien, sécurisant.*** *[...] Mon besoin aujourd'hui est de m'asseoir en silence, d'être en contact avec toi, plus de contact, être proche, avoir cru un instant que j'allais te le dire et retenir parce que je veux être en contact total.* »

La nécessité de mettre en mots et celle de reconnaître la possibilité d'une satisfaction partielle mais non totale de ses besoins sont des apports notables de cet échange. Ensuite, Blandine se serrera davantage contre moi, attendant que je l'enveloppe de mes bras puis, dans cette position, verbalisera ses pensées concernant soit l'ici et maintenant de la séance, soit des événements intervenus dans sa vie. Cette *capacité à verbaliser tout en restant en contact physique, et grâce à ce contact*, fut perçue par cette patiente et par moi comme un progrès considérable.

Lisons maintenant l'évolution de son vécu depuis l'instauration de ce contact qui s'est réalisé presque à chaque séance pendant deux ans : « *Avoir quitté ton bureau mieux, impression d'être soutenue, d'être repartie recollée, la tête haute, la tête droite, impression vraiment que les morceaux étaient recollés. J'étais calme, détendue et surtout pas agitée intérieurement. C'est surtout ça que je souhaite partager avec toi et cette pensée que j'attends la séance de lundi pour être contenue, reconstituée par ce contact, ton contact direct, chaud qui m'enveloppe.*

J'essaie de diminuer les doses d'anxiolytique. J'y arrive peu à peu. [...] Avant la fin de la séance, penser très fort et très nettement : Alain, je voudrais rentrer dans ton ventre. Sentir étrangement ce contact tête-ventre comme quelque chose de connu, de puissant et chasser cette idée irréalisable de ma tête. [...] En sortant de ton bureau, penser-sentir Alain est comme une mère pour moi, la douceur de sa voix m'enveloppe. J'ai toujours été bien avec le timbre de ta voix (clair-direct). Au début du contact avec toi, je me sentais mal à l'aise avec ta nouvelle voix, trop penchée vers moi, trop impliquée, différente. [...] ***créer le contact-lien-mot****. [...].*

Rêve : nous étions ensemble dans un travail-contact thérapeutique mais pas dans ton bureau. Je te regardais, je riais, je plaisantais, j'étais à l'aise, expressive, pas contrôlée. J'étais allongée et tu as posé ta main sur mon sexe. J'étais habillée, il n'y avait pas de question. Depuis samedi, je pense qu'il faut que je parle de ce rêve à Alain ; mais ta main sur mon sexe, pas facile à gérer pour moi. Comment trouver les mots justes car mes sensations dans le rêve étaient thérapeutiques. Alors, comment t'expliquer ces sensations autour de ce geste avec ma peur-culpabilité parce qu'il s'agit de sexe. Ce que je voudrais partager avec toi c'est que j'ai eu l'impression, lorsque je me suis dégagée de la honte, de la peur, de la culpabilité qu'il s'agissait d'un ***geste protecteur-sécurisant-apaisant****. Comme ta main sur mon dos. Ta main sur mon sexe, c'était comme ta main sur mon dos = "Ne t'inquiète pas Blandine, je suis là, près de toi, avec toi, il n'y a pas de danger".* »

Nous découvrons dans cette correspondance l'idée d'un *toucher calmant et non excitant*, notion fondamentale pour saisir la valeur de certains contacts en psychothérapie. Je reprends cette notion plus loin en montrant qu'avec le tabou du toucher, les psychanalystes évacuent la portée communicationnelle du toucher pourtant considérable du point de vue du gain thérapeutique qu'on peut en attendre (voir sur ce thème le livre de Pascal Prayez, *Le toucher en psychothérapie*, Hommes & Perspectives, Desclée de Brouwer, 1994).

« *Me laisser aller, ce n'est pas facile. Vouloir te dire que la proximité de ton sexe m'empêche de me blottir contre ton ventre. Avoir pensé plusieurs fois en pré-séance, sur la route en venant, je voudrais qu'il y ait un coussin entre ton sexe et moi pour que je puisse atteindre ton ventre. Moi, face à toi, assise dans ma position recroquevillée, ma tête tombe entre tes jambes. Un coussin ? Changer de position ? Je me sens trop bien dans la position actuelle pour la changer parce que je sens vraiment l'enveloppement de tes bras et de tes jambes. Je ressens le besoin d'être en contact-ventre avec toi mais ne pas savoir comment le rendre possible à cause de la proximité de ton sexe. Pendant mon silence ce soir, j'ai eu un flash très agressif : moi arrachant ton sexe avec mes dents. Je me sens bien de pouvoir mettre les mots vrais tels que je les sens par rapport au besoin de me rapprocher de toi.*

[...]

Je suis émue de notre contact-yeux de ce soir, ***contact-regard****. J'ai aimé ton regard parce qu'il était direct, chargé pour moi de la disponibilité dans le temps dont nous venions de parler. J'ai aimé ma possibilité de garder quelques secondes la tête relevée pour soutenir ton regard, pour échanger par le regard... J'ai tellement peur des yeux... Peur encore très grande, fermer les yeux très fort, me crever les yeux.*

[...]

J'ai réussi à franchir une étape supplémentaire : "est-ce que je pourrais mettre mes bras autour de toi ?" Une nouvelle étape et une barrière en moins. Je suis extrêmement soulagée, je suis tellement bien dans ce ***contact-bulle*** *avec toi. Alain, si tu peux le supporter, je crois que j'ai besoin de te sentir penché au-dessus de moi, je suis ainsi dans un* ***contact-ventre imaginaire****. Je me sens bien dans, à l'intérieur de ce contact. Dans ce contact, je suis déjà dans ton ventre, ton corps, tes bras, tes jambes m'enveloppent : je suis dans une bulle ventre.*

[...]

Je viens de relire les dernières lettres que je t'ai écrites. Je suis sidérée de la suite progressive, évolutive qu'il y a entre elles et les séances... Je suis différente de ce que je crois depuis des années, je ne suis pas une putain-salope. Pourrai-je le dire un jour en te regardant dans les yeux ? Me réfugier dans tes bras-ventre pour avoir plus confiance en moi... Poser ma tête contre ton image-ventre, être en contact-pensée avec toi.

[...]

Alain, je t'ai expliqué mon ressenti agressif, dont j'ai l'impression qu'il m'envahit chaque fois que je suis angoissée. Tu m'as dit : pas de passage à l'acte, pas de refoulement non plus mais utilisation de cette énergie agressive. Je souhaiterais que tu m'expliques, que tu me guides. Laisser monter cette agressivité, laisser éclater toute ma rage. Est-ce que ma folie ne réside pas dans toute cette agressivité destructrice contenue-retenue ? Je voudrais aller au bout de ce besoin, de cette crise totale, de ce dé-chaîne-ment, me réfugier dans tes bras pour ne pas éclater.

[...]

Ce matin, dans le train, une femme africaine avec un bébé de 7-8 mois dans une poussette. La petite s'est mise à pleurer. La mère a cherché la tétine, introuvable, elle lui a caressé le visage. L'enfant s'est mise en état de recherche de contact. Mon regard était fixé sur cette scène. La mère a donné du contact mais l'enfant avait besoin de plus. Elle s'est remise à pleurnicher. La maman la prenant dans ses bras immédiatement, l'enfant s'est mise en quête de quelque chose avec frénésie. J'ai vu sa bouche s'ouvrir, sa main se mettre sur son visage qui était très en mouvement. Un visage qui cherchait, une bouche qui cherchait : l'apaisement dans un contact très puissant, essentiel. Le contact sein. Mes yeux étaient grands ouverts. Je l'ai regardé tant, j'ai glissé vers ce bébé : c'est moi dans les bras d'Alain, je suis comme ce bébé, je recherche avidement le contact, désespérément... Lorsque je sens tes bras qui donnent une pression, lorsque je sens ta respiration (le souffle d'air qui devient contact aussi), quand toutes ces sensations sont réunies, je ne pense plus à rien. Je n'ai plus de peur. Tout va bien. En voyant ce bébé, j'avais l'impression de me sentir, de me découvrir. J'en suis là, contact-sein-apaisant.

[...]

Dès que je pense maman, tout de suite, dans le millionième de seconde qui suit, l'agressivité est là. La pensée Alain-maman est positive, la pensée maman est catastrophique.

[...]

Tu es trop rapide Alain, tu vas trop vite. Laisse-moi le temps de sentir mes sentiments négatifs, avant je ne sentais rien. Il faut me laisser sentir la haine que j'ai pour ma mère... je t'aime Alain-maman, j'aime l'image positive de mère que progressivement tu fixes dans ma tête au fur et à mesure des contacts que j'ai avec toi. Je reconstitue une image de mère enfin avec toi.

[...]

Je suis très calme ce soir. Je me penche vers un passé qui n'est pas encore si lointain et je fais la différence. Avant, lorsque je vivais une séance trop forte, trop importante, trop décapante, il me fallait des lustres pour m'en remettre. Maintenant, je vis des émotions parfois plus intenses qu'avant ; je sors de la séance comme ce soir, assez perturbée, ayant du mal à m'en dégager mais quelques mots écrits, un peu de marche et tout reprend son ordre normal.

Je suis tournée vers l'étape ultérieure, ne plus avoir peur de te regarder, que tu me regardes. Avoir peur, avoir honte ?

Je pense à la première séance de travail avec toi, tu m'avais proposé des exercices sur le regard. J'en étais très loin. Vois-tu tout le chemin qu'il y avait à parcourir avant de pouvoir seulement parler du regard. Que d'étapes franchies ! Je me sens posée, bien. Mettre ma main dans la tienne, mettre ta main sur ma joue. Alain, je suis bien.

[...]

Ton geste de vendredi me soutenant la tête, je le vis sans arrêt. Je le sens comme un geste qui m'a beaucoup touchée, un geste important, un geste qui m'a portée dans ta proposition de mettre mon front contre ton ventre, qui m'a aidée à accepter un contact nouveau.

[...]

Je suis toujours hyper-sensible à tous tes gestes vers moi (mains tendues, gestes, mots, tous même si je ne le montre pas). Ils aboutissent tous à une ***confiance de plus en plus solide en toi et en moi.***

[...]

Ta voix me protège, m'enveloppe comme le contact "être assise par terre". Elle a autant d'importance que le contact "être dans les bras". Il y a le timbre de ta voix et les ondes-contacts qu'il me procure. Il y a les mots qui se posent en moi.

[...]

Je croyais avoir fait le tour des souvenirs et sans arrêt, il en émerge d'autres. Comment sortir de ce bourbier. Milos, une vie entière empreinte, je suis marquée au fer rouge. Qu'est-ce qui pourrait effacer toute cette vie de fermeture ? [...] Alain, peux-tu me refaire une nouvelle peau ? Peux-tu m'aider à tuer Milos ? Peux-tu mettre ma main dans la tienne ? Ce n'est pas dangereux ? »

La fixation sur les rapports corporels et sexuels avec cet homme pendant l'enfance sert, sans leur ôter leur caractère pathogène, de double écran défensif empêchant de travailler suffisamment les stades antérieurs.

D'une part, ces pensées gênent Blandine pour envisager mentalement les interactions précoces entre elle quand elle était bébé et son entourage, la perturbation du stade primitif nous étant révélée par l'intensité des troubles de la vie communicationnelle, à tonalité autistique (sans avoir la gravité de cette pathologie). Remarquons que si psychiquement (souvenirs, fantasmes, parole), elle ne peut accéder à ces conflits archaïques, son mode de fonctionnement émotionnel et relationnel signale de telles perturbations. Il est donc pertinent d'intervenir à ce niveau pour affronter et tenter de débloquer les stases communicationnelles et psychiques.

D'autre part, cette fixation gêne l'abord direct du conflit œdipien qui pourtant aurait pu permettre une reprise structurante de cette problématique archaïque. Les enjeux du conflit œdipien sont masqués, et leur issue structurante empêchée, par la réalisation effective durant une longue période du lien charnel avec l'amant de la mère, substitut paternel trop direct pour la conscience. La connotation incestueuse y est trop forte.

Les interprétations sur ces points doivent être faites en plusieurs temps, avec ménagement, et prendre un caractère suffisamment insistant et répété. Anzieu signale avec justesse l'intérêt de faire des interprétations répétées et cumulatives dans le travail avec les patients ayant souffert de traumas eux aussi cumulatifs. De telles interventions ont progressivement permis à Blandine d'effectuer un travail de décollement d'avec le lien sexuel prématuré pour pouvoir affronter plus directement le niveau des conflits archaïques et œdipiens. Ceux-ci apparaissent très forts parce qu'ils sont surdéterminés par les rapports sensuels et sexuels avec un substitut paternel.

La violence archaïque à l'œuvre, pleinement repérable dans lc passage à l'acte sur sa fille et sur elle-même, signale que la reprise œdipienne du conflit primitif s'est mal opérée. L'intégration après-coup des étapes pré-œdipienne et œdipienne, en s'effectuant dans de mauvaises conditions, a provoqué leur enkystement et non leur allègement : habituellement, à chaque étape du développement, des remaniements d'ensemble font que les affects et les représentations liés à un certain palier d'organisation prennent rétrospectivement une fonction et un sens nouveaux. Ici, ce réaménagement n'a pu s'effectuer de manière bénéfique, ce qui a mené à l'englobement confus des niveaux et non à leur différenciation.

Cette confusion a été longuement travaillée en séance, en visant la transformation après coup, à certains des niveaux où se sont créées les perturbations. L'échange corporel et communicationnel avec le thérapeute peut permettre ainsi le désenkystement des problèmes et l'analyse de ceux-ci complète le travail de dégagement. Je soutiens l'*articulation* entre le travail communicationnel-corporel-émotionnel et le travail verbal analytique sans que l'un ne vienne se substituer à l'autre mais de telle sorte qu'ils s'étaient mutuellement.

Pour conclure cet exposé clinique, redonnons la parole à Blandine : « *J'ai mis ma main dans la tienne... J'ai besoin d'être retenue-contenue, des mains qui se posent tout autour de moi, toucher-contact qui me re-structure, qui pose mes limites, qui donne un sens à mon corps. [...] En sortant de ton bureau, j'avais le sourire aux lèvres. Un sourire doux, discret, léger, intériorisé, un sourire de grande détente. [...] Alien, c'est bien d'être dans tes bras, ma main dans la tienne, c'est vraiment la fête en moi. Je commence à vivre Alain ?* »

Ce récit, partiel mais très riche, je ne l'étudierai que sous l'angle qui importe pour ce travail, à savoir les répercussions émotionnelles et psychiques chez Blandine des variations du dispositif thérapeutique et de l'implication spécifique du psychothérapeute. Ceci nous amènera à réfléchir sur le *contact-pensée*, c'est-à-dire sur l'influence d'un aménagement communicationnel sur le fonctionnement mental de la patiente.

J'ai laissé Blandine effectuer elle-même le récit de sa thérapie afin de donner la priorité au vécu du patient plutôt qu'aux constructions après coup du psychothérapeute. Celles-ci visent naturellement l'auto-validation. J'adopte ainsi le mode d'observation phénoménologique qui se réalise à partir du vécu du sujet tel qu'il perçoit et expérimente les phénomènes, et qui essaie de rendre compte du lien entre les mécanismes mentaux internes et leurs équivalents dans le rapport du sujet au monde externe.

De plus, les remarquables qualités d'introspection et d'écriture de cette patiente, dont la culture psychanalytique est assez faible, ce qui rend ses intuitions et ses élaborations d'autant plus intéressantes, m'ont incité à lui donner un large espace d'expression dans cette présentation.

Le contact-pensée

Les difficultés psychiques de Blandine se traduisent par une perturbation majeure de la vie relationnelle. Elle se trouve généralement dans l'inhibition communicationnelle, parfois dans le retrait complet (et pas seulement lors des séances mais aussi dans sa vie professionnelle et privée), et a vécu dans son histoire des passages à l'acte rares mais destructeurs. Un des objectifs de notre travail consistait à trouver ensemble des échanges lui permettant de faire évoluer positivement sa réalité de vie psychique et interactive.

De même que le monde des objets internes s'édifie par la communication avec l'entourage, par l'introjection des liens aux personnes extérieures et par la répétition de l'expérience de la séparation d'avec celles-ci, de même le monde extérieur et notamment le lieu thérapeutique se proposent comme des scènes pouvant accueillir la figuration du monde interne. Le lieu thérapeutique devient espace de vie pour Blandine parallèlement à l'instauration d'un climat de confiance qui l'achemine vers l'acceptation puis l'intériorisation de cette fiabilité. Nous confirmons ainsi que « *l'espace potentiel entre le bébé et la mère, entre l'enfant et la famille, entre l'individu et la société ou le monde, dépend de l'expérience qui conduit à la confiance* » (Winnicott, 1975, p. 143).

Dans le cadre thérapeutique qui se présente constant (lieu, horaires, stabilité du thérapeute) et dont l'organisation interne reste souple, elle peut vivre des expériences de rupture de son vécu (par exemple se lever au lieu de rester repliée, ce qui pour elle représente un danger) tout d'abord avec peur puis avec de moins en moins d'appréhension. L'échange corporel et émotionnel, en la soulageant d'une écrasante angoisse, apparaît comme une condition nécessaire à l'émergence d'une communication verbale.

L'ouverture et le maintien de la communication sont ici au premier plan, les changements de distance entre Blandine et moi signifiant l'utilisation symbolique de l'espace comme projection d'une relation psychologique entre nous. Si j'avais souhaité cantonner notre échange dans le seul registre verbal, trop secondarisé pour elle (c'est-à-dire exigeant trop de capacités de mentalisation, trop à ce moment-là de son parcours car elle y parvint ultérieurement), le risque était l'accentuation des clivages entre bon et mauvais et l'amplification de ses tendances désorganisatrices.

Le contact corporel affectueux participe au contraire à la tranquillisation de sa vie fantasmatique et relationnelle. L'action thérapeutique naît de l'établissement d'un échange tendre et fiable dans ses dimensions physiques et verbales. Une conséquence primordiale de la réalisation effective de cette communication affective est l'affaiblissement de sa vie fantasmatique persécutrice et invalidante, son apprivoisement de manière à ce qu'elle ne déborde plus sous forme d'actes destructeurs. Il s'agit de ressentir les désirs et l'agressivité au sein de la relation psychothérapique, et de les apprivoiser, pour stopper l'agression violente agie en dehors de cette relation. Il s'agit aussi de mieux gérer le chaos interne par l'introjection d'un lien sûr et conteneur.

Les soins thérapeutiques donnés à cette patiente, qui métaphorisent certains soins parentaux mais ne sont pas réductibles à eux, consistent d'abord à accueillir sa partie infantile en souffrance. *Cet accueil se fait par la communication, autant corporelle et émotionnelle que verbale.* L'acceptation mentale et émotionnelle des identifications archaïques (par exemple Alaïne la hideuse), de la destructivité qu'elles véhiculent, et l'accueil physique dans l'expérience impliquée de la rencontre, ont aidé le développement et l'affermissement chez Blandine de son propre contenant psychique.

Son travail thérapeutique s'est donc trouvé facilité par une méthode souple (variations du dispositif à sa demande) mais rigoureuse (par exemple respect strict des horaires), lui permettant de mieux supporter ses expériences émotionnelles tourmentées par leur affrontement dans un contact corporel réconfortant.

Le travail relationnel comme voie de dégagement

Les variations du dispositif sont des étapes marquant le mouvement évolutif de Blandine, des jalons dans l'assouplissement de ses mécanismes de défense. Elles ont favorisé l'invention, en fait la cocréation par la patiente et par le psychothérapeute, de voies de dégagement et le passage d'un mode de fonctionnement à un autre. Elles ont permis par exemple à Blandine de passer du retrait relationnel à un mode communicationnel adapté avec le psychothérapeute. Son désir de se trouver dans les bras de celui-ci a pu aboutir, désir dont elle souhaitait la réalisation tout en la craignant par accollement fantasmatique conscient avec des expériences sexuelles précoces et traumatiques et, inconsciemment, avec l'inadéquation de contacts primitifs avec la mère de la petite enfance. Ce désir a donc pu être différencié des traumas de l'enfance. L'action de la prendre dans les bras à sa demande est thérapeutique car satisfaisant uniquement le besoin de réconfort corporel et psychique tendre tout en favorisant le travail de distinction entre ce besoin et les désirs sexuels.

Le thérapeute est ici, et probablement toujours, à considérer doublement : il doit être appréhendé dans sa réalité d'adulte, c'est-à-dire de partenaire communicationnel actuel, et dans sa position d'objet transférentiel s'offrant à l'actualisation de la vie affective, émotionnelle, pulsionnelle et mentale infantile des patients. Il ne s'agit pas d'intervenir à un seul de ces niveaux mais d'en tenter l'articulation libératrice.

Une autre voie de dégagement en jeu dans cette thérapie est la substitution du contrôle à l'inhibition : au lieu que rien ne se passe car tout est dangereux, Blandine ose le contact tout en conservant le contrôle de la situation. Il m'est d'ailleurs arrivé de me sentir mal à l'aise lors de séances où tout devait se dérouler de manière à ce que l'angoisse ne l'envahisse pas. Ce fut le cas lors de séances en face à face pendant lesquelles elle m'avait demandé de ne pas la regarder, ce que j'avais tout d'abord accepté. M'apercevant ensuite du grand malaise dans lequel j'étais plongé du fait de devoir regarder n'importe quoi (la moquette, mes mains, le plafond, etc.) sauf mon interlocutrice, j'avais fini par lui signaler mon impossibilité de continuer ainsi. Il nous fallait nous rencontrer autrement. C'est donc dans la confrontation explicite des limites des deux personnes en présence que se sont finalement édifiées les modalités de l'alliance de travail et pas seulement dans l'adaptation de l'une aux revendications de l'autre. Cette donnée, loin de se limiter à une particularité originale du travail avec Blandine, est généralisable car l'adaptation mutuelle est une condition de la socialité et fait partie des impératifs de la rencontre psychothérapique.

Ce malaise envahissant lié à l'impossibilité de regarder mon interlocutrice m'a aussi permis de saisir avec plus d'acuité son angoisse, elle qui ne pouvait voir mes yeux, qui ne pouvait supporter que nos regards se rencontrent. Sa méthode de protection, éviter le contact visuel, renforçait finalement l'angoisse motivant la mise en place de ce mécanisme.

J'ai mieux compris que la communication défaillante au niveau de l'enveloppement physique du bébé Blandine par sa mère (mon hypothèse clinique sous-entend que cette défaillance n'était pas seulement physique mais aussi psychique), fut également perturbée au niveau de l'échange visuel, quand les yeux de chacun rencontrent ceux de l'autre, quand ils s'interpénètrent le temps de vivre un chaleureux message d'amour ou le sentiment glaçant de n'être pas accueilli. Nous avons ensuite envisagé la possibilité qu'elle me regarde à la fois comme thérapeute-homme actuel et comme mère de jadis. Comme cela restait impossible directement, à de rares exceptions où furtivement nos regards se croisaient, nous avions trouvé un moyen transitionnel : elle écrivait en ma présence et sur un grand cahier des mots qui lui venaient ; je regardais son écrit puis verbalisais ses mots. Dans cette étape intermédiaire, nous regardions le même objet, le cahier où étaient inscrits ses messages, trait d'union visuel entre nous, puis les mots étaient verbalisés tout d'abord par moi et puis par elle car ils perdaient progressivement de leur valeur dramatique et devenaient communicables sans effondrement.

Je vais maintenant aborder la question centrale de l'*articulation entre implication et distanciation*. Comment le thérapeute peut-il accéder aux demandes du patient et s'impliquer corporellement et émotionnellement tout en restant en situation d'écoute et de contrôle de son monde interne et de ses réactions personnelles vis-à-vis du patient (ce qu'en psychanalyse on nomme le contre-transfert) ? Quelles sont les limites de cet engagement ?

Communication et adaptabilité

« *Les doigts crispés, recroquevillés, elle fait un geste du bras comme pour me repousser en s'écriant d'une voix angoissée : Ne bougez pas ! Ne dites rien ! Ne me touchez pas !* » Ces cris et cette angoisse sont ceux exprimés par Emmy Von N. en présence de Freud, alors hypnothérapeute (*Études sur l'hystérie*, 1895, tr. fr., p. 36). Cette patiente à symptomatologie hystérique permit à Freud de saisir l'intérêt pour l'exploration du psychisme de certaines des modalités concrètes du cadre psychanalytique qui sera ultérieurement défini : pour l'essentiel, rester assis derrière l'analysant, n'intervenir que verbalement, avec parcimonie et dans une visée interprétative.

« *Prends-moi dans tes bras ! parles-moi !* » m'écrit au contraire Blandine, souvent avec chagrin, son espoir semblant endolori par l'attente et les nombreuses déceptions. Freud nous livre au bas de la page du texte cité que les mots rapportés de Emmy Von N. « *correspondaient réellement à une formule de protection* ». Je pense que les demandes de ma patiente, opposées à celles de la patiente de Freud, sont également des appels à protection. Voilà pourquoi on ne peut généraliser une position restrictive ou radicale, que ce soit dans un sens ou dans l'autre. D'un côté il ne faudrait pas que le thérapeute touche ses patients ou s'implique, de l'autre il faudrait qu'il le fasse. Ces positions extrêmes ne sont pas pertinentes car ce qui a une certaine valeur pour une personne peut prendre une valeur désastreuse pour une autre. Seule l'*adaptabilité* me semble pouvoir être érigée en règle technique. Il ne s'agit pas pour le thérapeute d'adapter son style aux exigences d'une théorie mais aux besoins de la personne qui se trouve en face de lui et aux soins qu'elle nécessite.

En fait, le manque de structuration de nombreux patients peut se trouver aggravé jusqu'au risque de décompensation psychotique par une technique trop exclusive, encore une fois que ce soit dans un sens ou dans l'autre. Le problème essentiel ne se pose pas tant en termes de frustration et de satisfaction qu'en termes de communication. La diversité des niveaux de communication utilisés et leur cohérence vis-à-vis des problématiques affrontées sont des atouts majeurs du travail relationnel. Pour les patients dont les troubles s'enracinent dans des conflits archaïques, souvent pré-verbaux, il est pertinent de choisir un mode de traitement tenant compte des moments de développement concernés en interagissant avec le patient sur les plans communicationnels qui furent perturbés car ces troubles localisés continuent de nuire en contaminant les autres niveaux.

Le projet est d'assouplir et d'enrichir la pratique thérapeutique d'une part en y *intégrant* des moments de communication corporelle-émotionnelle, et d'autre part en *alternant* les instants de réponse positive aux besoins du sujet et les moments de mise à distance physique et psychique par la mise en questionnement analytique de ces besoins et du niveau transférentiel de leur expression.

Développons notre idée à propos de cette patiente : pourquoi ai-je jugé souhaitable de répondre positivement aux demandes de Blandine, notamment celles concernant le rapprochement corporel ?

Tentant de répondre honnêtement à cette interrogation, je rencontre deux ordres de réponses, celles qui me concernent et celles qui relèvent d'une prise de position théorique (mais les deux niveaux sont intriqués). Premièrement, à propos de mes motivations, il s'agit surtout de l'état de tension dans lequel me plongeaient les séances avec Blandine pendant la première année de travail, tensions physiques et psychiques liées à l'angoisse très intense qu'elle manifestait, d'autant plus pénible à entendre que cette angoisse s'exprimait sans mot. Son retrait allait jusqu'au recroquevillement de protection mais aussi d'enfermement, ce qui me laissait en fin de séance persuadé de n'avoir pas été suffisamment à l'écoute des différents signaux qu'elle m'adressait, pas suffisamment adéquat quant à mon positionnement corporel, quant au son de ma voix, quant à la justesse des mots verbalisés, bref pas suffisamment bon !

Ce vécu contre-transférentiel m'a conforté dans mon hypothèse d'une relation perturbée à la mère des premiers âges, perturbation que Blandine répétait avec moi jusqu'à convoquer ma culpabilité de n'être pas adéquat. A mon malaise physique (tensions dans le dos et dans les mâchoires, signes d'énervement) s'ajoutait un stress professionnel : je n'étais pas compétent pour aider cette personne. C'est du moins ce que je ressentais à l'époque. Il m'apparaît aujourd'hui que cette première phase de la psychothérapie fut aussi un test inconsciemment utilisé par Blandine pour m'évaluer. Compte tenu du danger véhiculé par l'investissement d'une relation, danger d'intrusion mais aussi et parallèlement d'abandon, je comprends qu'il lui ait fallu du temps pour s'assurer qu'il s'agissait là d'une situation sans risque. C'est une caractéristique que l'on rencontre chez beaucoup de personnalités présentant une faille des aménagements narcissiques pour lesquelles ce n'est pas la recherche du plaisir qui prime mais l'évitement du déplaisir et la quête anxieuse de la sécurité.

Cette situation m'était donc pénible et je souhaitais qu'elle se modifie d'une part pour ma patiente dont les angoisses étaient profondes, pour moi d'autre part dont les tensions corporelles et psychiques corrélatives à ce travail s'accentuaient, et aussi pour notre alliance de travail car je me sentais las et pouvais baisser les bras face à la répétition de cette fermeture relationnelle. J'ajoute que je ne pouvais me sentir utile pour Blandine que si je restais *vivant* en sa présence, c'est-à-dire que le processus de contamination que je ressentais, le gel psychique et physique qui s'instaurait progressivement en moi devait stopper, ce qui n'était dorénavant possible qu'en association avec des modifications concrètes des séances. Il apparaît donc clairement que mes limites personnelles ont influencé les aménagements du cadre dont il a été question.

En ce qui concerne la méthodologie thérapeutique, la position qui consiste à avoir la même attitude avec tous les patients, quelle que soit leur pathologie, est criticable. Prenons l'exemple du projet de neutralité bienveillante : cette bienveillance, qui est peut-être dans l'esprit du psychothérapeute, ne se trouve pas forcément dans le vécu du sujet qui peut au contraire percevoir dans l'attitude réceptive, certes, mais non active de son interlocuteur une marque de désintérêt voire une hypocrisie professionnelle. Ce qui peut s'additionner aux blessures narcissiques existantes et donc se mettre au service de la répétition pathogène. Certains patients ayant absolument besoin d'une réaction affective humaine peuvent tout mettre en œuvre pour faire sortir leur psychothérapeute de son impassibilité, quitte à développer leurs symptômes les plus inquiétants.

En d'autres termes, le niveau réel de la relation, notamment les corps en présence avec leurs caractéristiques individuelles (apparence, odeurs, expressions du visage, qualités du contact tactile, etc.), les manières concrètes de communiquer dans l'interaction ainsi que l'implication affective authentique du thérapeute peuvent avoir une grande influence thérapeutique. Harold Searles nous communique dans son ouvrage sur le contre-transfert quelque chose d'analogue, bien que limité aux sentiments : « *Je ne peux pas croire que l'analyste ou le thérapeute puisse mettre de côté ses sentiments réels et fonctionner encore efficacement avec le patient* » (p. 171).

Je nomme *réel* ce qui est concret et actuel. Les différents constituants de ce réel, par exemple les qualités tangibles, visibles, olfactives, c'est-à-dire les valeurs sensibles, viennent préparer par la communication avec le psychothérapeute une autonomisation qui ne s'épanouira qu'après une longue séquence psychothérapique (plusieurs mois ou plusieurs années) pendant laquelle ces éléments resteront prégnants. On ne peut *d'emblée* attendre des patients l'élaboration de ces éléments. L'implication relationnelle vise le vécu par le patient (qui devient agent) d'expériences communicationnelles dans un cadre protégé puis l'exploration de l'impact fantasmatique, représentatif et émotionnel de ces événements dans l'après-coup de leur intégration.

Implication et distanciation

La relation est d'autant plus curative du stress et de l'angoisse qu'elle est assumée sous l'angle de l'échange. Cela m'apparaît exact dans toute relation, y compris et surtout en psychothérapie dont l'enjeu est souvent considérable, ce qui engage le soignant dans une position de grande prudence vis-à-vis de ce qu'il dit et de ce qu'il fait. L'échange crée en fait une nouvelle dynamique de la rencontre qui ne peut être réduite à une relation d'objet dans le transfert ou à une mauvaise gestion par le psychothérapeute de son contre-transfert.

Le contre-transfert théorisé par les psychanalystes concerne, je le rappelle, l'ensemble des réactions inconscientes du psychanalyste à la personne du patient et plus particulièrement au transfert de celui-ci, le transfert étant le processus par lequel les désirs inconscients du patient s'actualisent sur le psychanalyste. Les positions que je défends dans ce livre impliquent non la dénégation de la dynamique transférentielle/contre-transférentielle mais au contraire sa reconnaissance et son plein emploi. Le transfert et le contre-transfert représentent des points d'ancrage précieux de toute situation psychothérapique, psychanalytique ou non.

La relation avec des patients ayant des problématiques différentes et donc nous confrontant à des zones différentes de notre être n'est pas aisé et je crois avec Max Pagès que les limites d'une thérapie sont aussi celles du thérapeute. Conception partagée par André Green qui écrit que *« les limites de l'analysabilité ne peuvent être que celles de l'analyste, alter ego du patient »* (1974, p. 231). De plus, un psychothérapeute ne peut travailler qu'avec une méthode qui lui convienne émotionnellement.

Personnellement, je trouve fécond de m'engager avec les personnes qui me font la confiance de travailler avec moi. Le thérapeute doit certes pouvoir exercer un contrôle sur son contre-transfert mais cela ne signifie pas qu'il bloque toute expression personnelle. Cela signifie qu'il peut intervenir verbalement, physiquement, émotionnellement en ayant conscience de ses propres affects, éventuellement en les verbalisant, surtout avec les patients qui ne peuvent effectuer correctement la différence entre ce qui leur revient et ce qui appartient au monde de l'autre. C'est le cas par exemple pour Blandine et aussi pour Julien dont il a été question dans le premier chapitre.

Toutes les techniques verbales, corporelles, émotionnelles et encore mieux celles qui intègrent ces niveaux vont dans un même sens : *aider le patient à se séparer*, effectuer la promotion de son individuation. Or, la relation verbale n'y suffit pas, notamment chez les patients pour lesquels le dispositif psychanalytique exacerbe les résistances au changement.

Nacht, qui a exercé d'importantes responsabilités dans le mouvement psychanalytique, a tenté de faire avancer ce point de butée de la pratique analytique. Faisant suite à Loewenstein qui doutait que quelqu'un ait pu conduire avec succès une analyse sans avoir donné autre chose que des interprétations, il rappelle et cautionne des propos de Glover datant de 1936 selon lequel une condition préalable à l'efficacité de l'interprétation est la *véritable attitude inconsciente* de l'analyste (Nacht, 1963, p. 185). Signalons, ce qu'aucun des auteurs cités ne fait, que cette attitude véritable et inconsciente devrait chez l'analyste être *consciente* du fait du long et profond travail réalisé sur lui-même. Notons aussi que ces auteurs admettent, mais sans la critiquer, l'existence d'une différence entre l'attitude professionnelle du psychanalyste et son vécu authentique. Quoi qu'il en soit, Nacht fait là une tentative significative pour faire évoluer la pratique analytique. Il va d'ailleurs plus loin que Glover et soutient que ce qu'est l'analyste est plus important que ce qu'il dit. Cela est exact mais insistons sur le fait que l'essentiel reste l'*adéquation et la cohérence entre ce qu'il dit, ce qu'il fait et ce qu'il est* (Rogers utilisait le terme de « congruence » pour évoquer cette attitude, par exemple dans *Le développement de la personne*, p. 39). C'est l'existence d'un écart entre ces niveaux qui est profondément anti-thérapeutique.

Nacht fait donc un pas considérable dans la compréhension du processus de changement en affirmant que l'essentiel de la relation analytique se situe au-delà du niveau verbal mais je ne peux soutenir plus avant sa position pour la raison suivante : il prétend que l'analyste se doit d'être libéré de toute ambivalence. Parlant de *don réparateur*, il stipule comme le faisait Rogers que l'attitude de l'analyste doit reposer sur la *bonté inconditionnelle*.

Je pense, et le rappellerai quand j'évoquerai Rogers dont les travaux sont si importants, qu'il s'agit là d'un leurre : l'ambivalence fait partie de la réalité humaine. Le fait qu'à toutes les époques il y ait des guerres et que dans toute famille et dans toute relation affective il y ait des tensions et des conflits pourraient probablement suffire à le prouver. Dans le lien psychothérapique, qui intègre la recherche de ce qu'il y a de plus vrai dans l'humain, il en va bien évidemment de même *de part et d'autre*. Pourquoi s'en cacher ? Pourquoi le patient serait-il le seul à être ambivalent dans cette rencontre ? La position des deux partenaires est différente en cela que le psychothérapeute a déjà effectué un considérable travail sur son ambivalence fondamentale et qu'il peut la penser et la ressentir sans vaciller ou sans être obligé de la refouler, travail que le patient n'a pas encore fait et qu'il doit justement effectuer pendant son parcours thérapeutique. Si le psychothérapeute ne peut qu'être bon parce qu'il a décidé que c'était la bonne attitude à avoir, quel que soit le comportement de son patient, on peut se demander comment celui-ci pourrait oser vivre et exprimer ses attaques. De même que la bonne mère est celle qui sait parfois être manquante, de même le psychothérapeute qui se veut bon doit aussi montrer qu'il n'est pas que cela.

En fait cette question est cruciale, c'est pourquoi je la reprendrai dans le dernier chapitre consacré aux modalités d'échange de la tendresse et de l'agressivité au sein de la relation vive en psychothérapie. Disons pour l'instant qu'il n'est pas question pour le psychothérapeute d'effectuer un don inconditionnel de soi qui vaudrait comme réparation des incompétences parentales mais qu'il vaut mieux chercher les modalités d'un échange authentique et clarifiant, *intégrant le travail sur l'ambivalence réciproque*.

Se laisser utiliser

Les exemples présentés ont permis d'explorer comment on peut de manière utile faire varier le dispositif de travail et comment le psychothérapeute, en s'investissant davantage dans la relation, peut apparaître à son patient comme un interlocuteur privilégié, impliqué et animant sans pour autant devenir excitant. A la réflexion sur la capacité du patient à utiliser la personne du psychothérapeute (nous l'avons vu avec Blandine), j'ajouterai simplement dans ce chapitre une interrogation sur la capacité des psychothérapeutes à se laisser utiliser par leurs patients. Nombre de personnes ont besoin qu'on les aide à trouver la capacité de nous utiliser, ce qui nécessite préalablement qu'on assume cette position, y compris pour les patients qui nous donnent à penser qu'ils nous manipulent.

Il m'est arrivé plusieurs fois de me sentir manipulé en séance et de mettre en place plus ou moins grossièrement, par des interprétations précipitées ou par une intonation de voix plus ferme, une stratégie pour reprendre le « contrôle » de la situation. A la réflexion, cette attitude défensive m'est apparue anti-thérapeutique sauf dans quelques cas où le patient semblait rassuré par ma capacité à ne pas le laisser me manœuvrer. Mon hypothèse sur ce point est que le sujet a sûrement de bonnes raisons de se comporter ainsi et qu'il peut être intéressant de le laisser mener à terme une part de son scénario transactionnel avant d'intervenir à des fins régulatrices.

Je pense à une patiente qui, lors du travail groupal (elle participait à mon groupe mais se trouvait en psychothérapie individuelle avec une autre psychanalyste), répétait qu'elle était incomprise et que mes interventions verbales la renvoyaient toujours à elle, à ses désirs, ce qui montrait bien selon elle, et aussi aujourd'hui selon moi, que je ne l'entendais pas au niveau de la réalité de ses plaintes. Seul semblait compter pour elle le fait que je reconnaisse le bien-fondé de ses souffrances affichées. La renvoyer à ses fantasmes, ses désirs et sa position masochiste lui apparaissait saugrenu. Je n'ai compris qu'elle avait raison que le jour où elle décida d'interrompre sa thérapie groupale. Par un acte rebelle et définitif, elle me montrait qu'effectivement je ne l'avais pas entendue, je n'avais pas su prendre de la distance par rapport à mon système de référence théorico-pratique et m'adapter à son besoin qui était bel et bien de m'utiliser d'une certaine manière, qui était la sienne à cette période-là. Fonctionner avec elle dans des jeux interactifs très chargés d'affects sans interpréter ses désirs œdipiens me fut impossible. Il me fallait chercher du sens, en trouver et l'exprimer. Il m'a semblé après son départ que j'aurais dû assumer qu'elle m'utilise, m'attaque, me désire, se rapproche, s'éloigne et surtout se plaigne encore et encore, sans chercher à modifier ce scénario, du moins pendant une première étape.

La psychothérapie de Blandine rapportée précédemment peut apparaître à la lecture comme une vaste manœuvre de manipulation mise en place par cette patiente qui aurait ainsi réussi à m'attirer dans son tourbillon. Je l'ai parfois pensé. Après de nombreuses analyses de la situation, et après avoir constaté l'évolution très positive de cette personne, il m'est apparu qu'assumer ses demandes et une certaine manipulation de sa part pouvait s'avérer précieux, *à condition que je le supporte* !

En fait, se laisser utiliser semble risqué surtout pour le noyau narcissique du psychothérapeute (je ne me situe pas là dans des cas potentiellement dangereux comme celui de Julien traité dans le premier chapitre). Le jeu thérapeutique nécessite que chacun des partenaires s'adapte au style de l'autre mais quand le patient est trop rigidement constitué pour effectuer correctement ce travail mental et comportemental d'adaptation, le psychothérapeute peut s'efforcer de rendre sa propre cuirasse plus malléable, plus perméable, et finalement assumer de se laisser utiliser.

Je vais maintenant poursuivre ma construction qui vise un *renouvellement de la conception du lien* en psychothérapie.

II
Le tissage du lien

5

Apports et limites de la psychanalyse

Une intentionnalité fondamentale du comportement humain concerne la recherche du contact avec autrui et la justification existentielle réciproque : cela signifie que chacun par sa présence et son implication rassure l'autre dans son existence et donne plus de sens à sa participation au monde. Ceci n'est malheureusement pas exploré par la psychanalyse. La conception psychanalytique de la *relation d'objet* est un concept utile mais qui ne concerne que la façon dont le sujet constitue ses objets psychiques internes et se trouve modelé par leur activité. Cette étude des modalités intrapsychiques de relation d'objet est fondamentale en psychothérapie mais n'épuise pas, loin de là, le thème du lien interhumain.

Dans ce chapitre, je vais préciser ce que je conserve de la psychanalysc et ce qui me semble mériter un travail d'évolution conceptuelle et pratique. Bien que considérant cette discipline très féconde et l'utilisant comme une des pierres angulaires de ma pratique et de ma théorisation, je crois dorénavant souhaitable de l'articuler avec d'autres méthodes dans une visée pluridisciplinaire plus complexe bien sûr, mais aussi plus ouverte et plus constructive.

Nous pouvons tout d'abord nous interroger sur deux points : le premier est l'opposition effectuée en psychanalyse entre principe de plaisir et principe de réalité. La description du désir pulsionnel comme force aveugle, destructrice, ne visant que la satisfaction immédiate sans tenir compte de la réalité d'autrui est une dramatisation partiale. Le désir est puissant, certes, mais il vise le plaisir partagé plus que la jouissance explosive, égoïste et mortifère. Je ne crois pas que le sujet pulsionnel soit plus destructeur qu'unificateur. L'ambivalence existe bien sûr (comment un clinicien pourrait-il ne pas s'en rendre compte ?) et c'est un mérite de la psychanalyse de si bien la révéler, mais elle ne bascule que rarement et dans des situations pathologiques vers la violence agie.

Le principe de réalité est à comprendre comme une nécessaire canalisation de la vie énergétique, non comme une répression venant s'opposer à l'épanouissement du sujet. Il appartient profondément au désir de celui-ci de vivre en société avec ses règles, ses interdits, ses limites. Ces limites ne s'opposent pas à l'énergie pulsionnelle de chacun mais en favorisent la canalisation. Le plaisir et le désir du sujet ne sont donc pas antinomiques de la réalité relationnelle et sociale, ils la cherchent et s'en servent utilement pour le sujet lui-même et pour les groupes sociaux auxquels il participe.

Loin d'une position hors-la-loi, le désir cherche la canalisation sociale. La transgression dont il est tant question en psychologie clinique est le fait de sujets qui pour des raisons de genèse, d'histoire, ont mal intériorisé les règles sociales et consacrent leur vie à jouer avec les règlements. Pour les sujets communs, la banalité dans le rapport aux lois sociales n'opère pas de délabrement de leur singularité. Cette adhésion aux lois sociales se trouve non seulement supportée mais attendue, souhaitée, appréciée. Seule l'absence de règles groupales de fonctionnement serait effrayante. Donc l'assomption des désirs humains n'est généralement pas une grave offense à la vie sociale puisque chaque sujet nécessite et plébiscite une législation cadrante et sécurisante.

Deuxième point : la vision freudienne de l'homme s'apparente parfois à une machinerie biologico-psychologique. Outre l'inscription sociale, en sont exclues également les dimensions poétique et spirituelle. S'ajoute à ces distorsions un pessimisme philosophique qui sourd tout au long de l'œuvre freudienne et que l'on retrouve, parfois exacerbé, sous la plume d'auteurs qui savent par ailleurs être passionnants. Par exemple, André Green dont les travaux m'ont beaucoup apporté écrit tristement que « *en fin de compte, le vrai self est le self pulsionnel, fait d'amour sans pitié, de cruauté amoureuse égoïste, de destructivité inconsciente d'elle-même* » (préface à Brusset, 1988, p. XIV). Personnellement, je ne reconnais dans cette description apocalyptique ni mon noyau véritable, ni celui de mes proches, ni celui de mes patients. Le risque est que la pratique thérapeutique qui accompagne cette conception doloriste de l'être humain alimente la souffrance et ses sources au lieu de favoriser la réintégration et l'épanouissement des potentialités constructives du sujet.

Car la psychanalyse cherche dans les principes et les résultats de la cure la validation de ses postulats théoriques. Or, la cure fut élaborée en fonction de ces postulats et pour y correspondre. Il est donc normal d'y trouver confirmation des principes de sa fondation.

Toutefois, et malgré ces premières critiques, la théorie freudienne m'a beaucoup enseigné. Ma psychanalyse personnelle et ma double formation, de psychologue et de psychothérapeute d'enfants et d'adultes, m'ont montré la grande valeur de cet outil de recherche. Sa profondeur et sa subtilité m'ont souvent impressionné et beaucoup aidé pour comprendre l'impact de mon parcours historique sur la gestion de mon présent, sur celle de mes choix affectifs et professionnels ainsi que dans mon travail d'accompagnement de personnes en souffrance. Bien qu'étant en désaccord avec des aspects importants de la pratique et de la théorie psychanalytiques, mon travail s'édifie sur certaines pierres angulaires de la psychanalyse. Signalons-les :

— la reconnaissance d'une vie psychique inconsciente : les phénomènes non encore conscients constituent une force motrice et organisatrice de la vie psychique (le chapitre 10 sera consacré à la part inconsciente) ;

— la recherche de la libre association d'idées qui consiste pour le patient à exprimer sans choisir ce qui vient à l'esprit, visant ainsi la mise hors jeu de la censure entre le monde conscient et la vie non consciente ;

— l'importance du refoulement et des mécanismes de défense (projection, clivage...) ;

— l'attention portée au transfert et au contre-transfert ;

— la possibilité de donner sens aux rêves et aux symptômes, sens qui peut donc être découvert ou créé par le patient et son psychothérapeute ;
— l'exploration de la psycho-sexualité infantile et adulte ;
— enfin, l'étude de la persistance à l'âge adulte de vécus et de fixations infantiles.

Mais si je reconnais bien volontiers cet attachement, je suis pourtant loin de vouer un culte à tout ce qui constitue l'édifice théorique psychanalytique, considérable certes mais aussi fort redondant et parfois non justifié sur les plans théorique, clinique ou éthique. Les commentaires critiques que je vais développer ont pour but de favoriser le dépassement de cinq limites majeures de cette discipline : la répression de l'action, la chosification du sujet, la réduction du relationnel au sexuel, la réduction du lien psychothérapeutique au transfert, enfin le refus du toucher.

L'action proscrite

Tout dire et ne rien faire, telle est la suggestion à laquelle se trouve immédiatement soumis le patient en psychanalyse. Or, s'il vient consulter un psychanalyste, c'est le plus souvent qu'il a des problèmes psychiques et qu'il peine à mettre son vécu en pensées et en mots justement incarnés (ni trop d'affects, ni trop peu). Lui proposer de verbaliser et de ne faire que cela, c'est lui suggérer de symboliser sa vie émotionnelle et mentale, *ce qu'il ne sait justement pas faire*. D'emblée, on passe donc à côté de ses difficultés psychiques et communicationnelles. Si le patient ne supporte pas cette contrainte et agit pendant la séance, c'est la notion de « passage à l'acte » qui est utilisée, cette notion désignant en analyse une action jugée défensive, qui vient contrecarrer le travail d'analyse et qu'il faudrait donc proscrire.

Dans un travail antérieur (ma thèse de doctorat en psychologie clinique), j'ai étudié les conditions facilitant la reprise structurante chez l'adulte d'une mentalisation vivante, active et créatrice, enveloppant le monde interne tout en l'ouvrant sur l'extérieur. Parmi ces conditions, la libre expression est apparue comme un outil thérapeutique très valable, non seulement la libre parole mais la libre expression qui y ajoute le mouvement, l'échange gestuel et corporel ainsi que le toucher. L'impact émotionnel des échanges ainsi diversifiés et enrichis vient préparer, soutenir et alimenter une verbalisation et un psychisme souvent en manque de stimulation humaine directe et concrète.

L'interdiction de l'action peut s'expliquer par la peur d'un passage à l'acte sexuel et/ou agressif. Mais il suffit, comme je l'ai proposé, d'interdire clairement ces passages à l'acte et seulement ceux-là, ce qui laisse ouverte la possibilité d'autres actes, de passage ceux-là, des actes transitionnels. Pour trouver les mots pour le dire, il faut parfois et d'abord trouver les gestes pour le faire. J'ai souvent constaté tout aussi bien chez moi que chez des patients qu'il est une manière de parler de son intimité et de sa vie qui, d'une façon subtile ou flagrante, évite ou camoufle ce qu'il y a de vivant en elles. En interdisant l'action dans le présent et en ne favorisant pas l'expression de la vitalité, on ôte de la rencontre une part essentielle des échanges interhumains.

L'implication expressive n'exclut pas la quête d'un sens ni ne la parasite. Au contraire, elle prépare et favorise l'activité mentale signifiante. La valeur thérapeutique des mises en expression (extériorisation émotionnelle et vocale, jeux scéniques, toucher corporel) se trouve alors soutenue et renforcée par un travail d'élaboration verbale visant la compréhension et l'intégration de ce qui fut révélé.

L'idée freudienne qui ponctue *Totem et tabou*, à savoir « *Au début était l'action* », est restée très peu exploitée dans cette discipline qui a pourtant pour visée explicite de travailler les origines.

La répression de l'action peut inhiber ou annuler nombre de projets individuels, nombre d'aventures groupales. Tout projet nécessite en effet une action et le plus souvent des actions qui en permettent l'expression puis l'exploitation et la réussite. Cela est particulièrement vrai pour des projets de changement que devront accompagner inévitablement des actes de réalisation. L'attention exclusive portée aux problèmes intrapsychiques et historiques ne gêne-t-elle pas pour aborder activement la question pertinente et vitale : que vais-je faire ? Que vais-je faire face aux problèmes communicationnels ? Face aux tensions sociales ? Vis-à-vis des problèmes éthiques ? Le psychanalyste n'a pas, bien évidemment, à répondre pour le patient à ces questions qui restent d'ailleurs tout aussi cruciales pour lui-même, mais ne se doit-il pas toutefois de donner dans ses interventions une place pour la reconnaissance de ces problèmes ? En faisant dériver constamment l'attention sur le fait que son patient est mû par des pulsions inconscientes dont le contrôle lui échappe, lui permet-il de manière optimale de s'approprier sa responsabilité active, constante et constituante ? Bref, la psychanalyse ne favorise-t-elle pas la passivité et le conformisme ?

Ces questions restent pour l'instant sans réponse mais il est déjà utile et salvateur de les poser. Le travail sur soi effectué en psychothérapie est une étape décisive *à condition qu'il améliore nos capacités d'action*. Se connaître mieux et mieux gérer son énergie peuvent mener à des projets de transformation positive et active de nous-mêmes, de nos relations et du monde qui nous entoure. L'action comporte en elle-même une fécondité non seulement thérapeutique mais existentielle, elle porte en elle tout un lot de « connaissances » qu'elle seule peut nous révéler. La réflexion n'y suffira pas.

L'objectivation

La perspective freudienne s'est toujours voulue scientifique, malheureusement pourrait-on dire car cela aboutit trop souvent à réduire le sujet à des déterminations objectives et historiques, à des enchaînements de séries causales. Par ce modèle, les psychanalystes freudiens, kleiniens ou lacaniens ne favorisent pas la reconnaissance par le sujet de lui-même comme conscience non chosifiée. Comment pourrait-il alors se confirmer ou se constituer comme sujet libre ? C'est parce que le dialogue psychanalytique prend souvent la forme de monologues parallèles manquant l'essentiel du lien interhumain que je définirai plus loin une autre conception de l'alliance thérapeutique.

La présentation psychanalytique du *moi* pose problème car ce noyau de personnalité est considéré sans dimension authentique. Il se trouve objectivé, pris au piège, et finalement « *expulsé de son domaine existentiel intrinsèque, de l'existence, et il est ontologiquement et anthropologiquement étranglé... Freud passe à côté du problème de l'ipse* » (Binswanger, *Discours, parcours et Freud*, p. 227), c'est-à-dire du moi comme personne.

La vision que Freud avait du moi et celle qu'il n'a pas eue du lien social l'ont empêché de considérer le sujet dans son horizon interhumain, dans son processus de réalisation de soi en relation avec autrui, grâce à ce lien et aux rencontres qu'il génère. De même, l'accent mis sur l'histoire de l'individu comme principe explicatif gêne pour aborder son historicité, c'est-à-dire pour appréhender sa capacité à intervenir sur sa trajectoire vitale, à se constituer lui-même comme un être en devenir, en somme comme sujet libre. Le déterminisme historique tend à « refouler » cette dimension de la liberté, celle-là pourtant qui spécifie l'être humain et son projet existentiel.

La vision psychanalytique de l'homme est encore trop apparentée à une machinerie. C'est pourquoi, comme l'écrit un psychanalyste, le patient parfois s'en va car « *il ne veut pas être enfermé dans un musée, transformé en statue par un martèlement conceptuel qui ne le concerne pas ou en momie enroulée dans les bandelettes du préconçu* » (Roustang, ... *Elle ne le lâche plus*, 1980, p. 68). Il faudra certainement dans l'avenir opérer des refontes, des remodelages et donner quelques bouffées d'air philosophique et humaniste à une théorie freudienne qui se veut tellement scientifique qu'elle s'asphyxie dans cette objectivation à tout prix. Se dessinent par cette objectivation une infirmité de la théorie, un déracinement du sujet ainsi arraché à son existence, une sorte de cécité dont est responsable le modèle réductionniste. Ce que la position d'objectivation évacue est l'être dans son irréductibilité.

A cette réduction à visée scientifique s'ajoute également une réduction au sexuel.

La réduction au sexuel

C'est le mérite de Freud d'avoir reconnu l'importance de la sexualité dans le dynamisme pulsionnel et d'avoir désigné la racine sauvage de nos conduites socialisées. Malheureusement, le langage sexuel fut progressivement alourdi et systématisé. Se voulant théorie de l'homme, la psychanalyse est devenue une théorie de la psychosexualité. Elle est une discipline reposant sur la connaissance de l'histoire psychosexuelle des individus, une *archéologie du sujet* (Ricœur, 1965, p. 407-443) sexué. Le problème est que la très grande importance accordée à la sexualité dans le développement et la vie psychique de l'être humain amène Freud et les analystes à chercher des déterminants sexuels dans la plupart des activités, et à définir trop de conduites en fonction de cet a priori.

Ce réductionnisme rend la psychanalyse incontestablement moins intéressante qu'elle ne pourrait être car les reférences sexuelles « obligées » rendent parfois les descriptions freudiennes lourdes ou saugrenues. Nous savons que Freud ne se contente pas de dire que l'enfant a des sources d'excitations diverses, il ajoute qu'il est un « pervers polymorphe ». Pourquoi ramener des processus sains et jubilatoires à des catégories pathologiques restrictives ?

Autre exemple : que gagne-t-on à nommer « homosexualité refoulée » des rapports amicaux entre individus de même sexe ? Quel progrès épistémologique effectue Freud lorsqu'il définit la tendresse, ce lien doux et poétique avec autrui, comme un « *érotisme [...] détourné de ses buts sexuels* » ? (je donnerai au chapitre 11 un autre statut à la tendresse).

La sexualité lui sert en fait d'explication systématique : « *De quelque cas et de quelque symptôme que l'on soit parti, on finit toujours immanquablement par aboutir au domaine sexuel* », écrit-il (*Étiologie de l'hystérie*, 1896). Freud semble même poser parfois *a priori* l'origine sexuelle des troubles pour ensuite les confirmer cliniquement : « *Tu as raison*, écrit-il à Fliess le 7 février 1894, *le rapport de la névrose obsessionnelle à la sexualité n'est pas toujours évident. Je puis t'assurer que, dans le cas 2 (miction compulsive), il ne fut guère facile à trouver ; il serait resté inaperçu à un chercheur moins monoïdéiste que moi.* » Ce monoïdéisme pose problème car si les enjeux sexuels sont certes pour beaucoup de personnes sources de tension, cette mise en rapport systématique et parfois arbitraire entre sexualité et fonctionnement mental ne découvre pas pour autant la spécificité de chaque problématique étudiée.

Compte tenu de cette inflation du thème sexuel, nous pourrions cependant attendre de cette doctrine qu'elle décrive avec compétence et subtilité la vie sexuelle et les plaisirs associés. Si « *le sexe reste, dans son irréductible éclat, l'ordre de référence du psychanalyste* » (Leclaire, *Psychanalyser*, 1968, p. 25), alors nous devrions lire chez ces auteurs de belles pages consacrées au plaisir et à l'amour. Il n'en est malheureusement rien. Pour Freud, le plaisir était le relâchement de la tension et non l'expérience de l'amour et de la joie partagée. Cet aspect mécanique de la perspective freudienne concernant la vie sexuelle et amoureuse doit être dépassé.

La méthode d'exploration de la vie fantasmatique inconsciente offerte par Freud, toute inventive et intéressante qu'elle soit, notamment parce qu'elle a bien montré que le fonctionnement mental est dynamique et signifiant, n'en demeure pas moins une psychologie partielle. Je trouve toujours cette méthode enrichissante, c'est pourquoi je travaille à sa compréhension et vise son intégration, mais son articulation avec d'autres théories et d'autres pratiques me semble une voie plus constructive que sa seule application monodisciplinaire.

Transfert et relation

La théorie freudienne, dont la cohérence peut fasciner, n'intègre pas la dimension interpersonnelle. Pour se conserver comme doctrine homogène, préserver cette cohérence et pouvoir ainsi interpréter toute activité humaine, la psychanalyse en est venue à méconnaître les aspects de la réalité qui ne s'adaptent pas à ses postulats[1].

1. Comme l'a montré Yvon Brès dans un travail très documenté, *Critique des raisons psychanalytiques* (1985), la psychanalyse est bien loin de posséder l'homogénéité épistémologique qu'on a voulu parfois lui conférer ;

Bien qu'étant d'une richesse conceptuelle manifeste, la théorie freudienne du psychisme tend alors à simplifier et chosifier les événements qu'elle veut expliquer. En 1918, dans *Les voies nouvelles de la thérapeutique analytique*, Freud écrit : « *Nous avons analysé le malade, c'est-à-dire que nous avons décomposé son activité psychique en ses parties constituantes, pour ensuite isoler chacun des éléments instinctuels* » (publié dans *La technique psychanalytique*, p. 133). Cette dissection d'une personne présentée d'abord comme un malade (réduite à ses symptômes) puis comme un ensemble pouvant être divisé en différentes parties, relève d'un projet « scientifique » objectiviste laissant peu de place à la relation interhumaine comme coprésence et comme rencontre.

La communication est mise entre parenthèses, et avec elle la vie affective relationnelle. La rencontre est en effet distincte du couple transfert/contre-transfert et n'y est pas réductible. Elle concerne aussi une relation authentique d'existant à existant avec leur lumière et leur chaleur. A la composante transférentielle répétitive, la rencontre ajoute des possibilités de renouvellement et d'innovation. Si elle est créative alors elle pourra devenir curative. Ainsi, la psychothérapie devrait fondamentalement consister en une coopération, une création en commun dans laquelle chacun s'implique. Les sentiments de confiance et de tendresse qui peuvent naître dans une telle situation relèvent des caractéristiques du lien interhumain et l'on ne gagne rien à systématiquement les reléguer au niveau des phénomènes transférentiels. Dans ma pratique, ceux-ci sont reconnus et pensés, souvent interprétés. Car, comme Freud l'a finalement repéré, le transfert n'est pas un frein mais un moteur du processus psychothérapeutique. Aussi est-il fécond d'aider le patient à le percevoir et l'élaborer. Mais travailler avec le transfert dans la relation n'est pas réduire la relation au transfert. Ce n'est pas parce que le psychothérapeute est une image maternelle, paternelle ou mixte qu'il faut renoncer à certaines actions coopératives.

Par exemple, Pascale : il s'agit d'une femme d'une quarantaine d'années dont le père est mort alors qu'elle atteignait

---

et son intérêt « objectif », tant sur le plan thérapeutique que sur celui de ses applications, n'est pas aussi évident que l'imagine un public peu informé.

l'adolescence et que ses désirs pour lui devenaient prégnants. Elle fait un lien imaginaire mais puissant entre ses pulsions érotiques et la mort du père désiré. Comme si son désir pouvait tuer, thème qu'elle évite d'actualiser en vivant seule et en fuyant toute rencontre intime. Un jour, elle demande que nous fassions ensemble un travail d'accordage affectif (dans le cadre de la formation de psychothérapeute qu'elle suivait, elle travaillait alors sur les interactions précoces entre le nourrisson et son environnement et notamment sur l'adaptation gestuelle et émotionnelle entre eux) ; son souhait est que, l'un en face de l'autre, nous tentions d'harmoniser nos échanges verbaux et gestuels. Mais un doute la saisit : dans cette situation, elle est certaine qu'elle va sentir du désir pour moi et que cela va poser problème et *nous* déstabiliser. Elle propose alors de renoncer à son projet. Je l'invite au contraire à le mettre en œuvre mais après avoir exploré ses projections transférentielles sur moi et sur la situation. Pendant environ un quart d'heure, nous fîmes l'analyse de cet aspect angoissant de son projet, le fait qu'elle m'identifie au père désiré et qu'elle imagine qu'une catastrophe va s'abattre sur nous si nous nous rapprochons, puis le travail proposé fut effectué.

Ainsi, *interpréter le transfert n'est pas renoncer à l'action relationnelle mais la préparer en étant davantage conscient de ses enjeux et en tentant d'en dépasser les aspects inhibants.*

L'inspiration biologique de la psychanalyse a eu pour conséquences l'enfermement de l'individu dans une monade psychique et la recherche de neutralité dans la rencontre (c'est l'expression *neutralité bienveillante* qui deviendra célèbre, mais notons que cette formule contradictoire ne figure pas dans les écrits freudiens). Tel le chirurgien, ne cherchant qu'à mener son opération à bien, le psychanalyste devrait donc rester neutre face à toute manifestation affective du patient et ne pas intervenir en tant qu'individualité. Or, on augmente la portée curative de la relation si l'on y intègre une visée d'échange tempéré. Le plein épanouissement individuel et la gestion des projets de soins impliquent profondément la rencontre interpersonnelle. Le déploiement existentiel et la relation d'aide ne visent pas la culture d'un individualisme sans contrainte pas plus que l'asservissement à l'environnement humain mais repose sur la création continue et partagée du lien interindividuel.

Je l'ai dit, ces réticences vis-à-vis de certains aspects de la psychanalyse n'empêchent toutefois pas une utilisation profonde *mais qui doit rester libre* des conceptualisations freudiennes. L'inspiration psychanalytique d'une psychothérapie recouvre pour l'essentiel l'exploration de la vie non consciente, le projet de rendre conscient cet univers ainsi que le travail sur les résistances et la prise en considération théorique et pratique de la dynamique transférentielle et contre-transférentielle. Tout ceci n'est pas incompatible avec d'autres approches. Trouvons donc une position juste entre le refus obstiné et l'adhésion inconditionnelle et insistons plutôt sur la nécessaire mobilité des frontières entre les différentes théories et techniques pour empêcher qu'elles ne se ferment.

Mentalisation et toucher

Prenons l'exemple du toucher qui est un aspect particulier du thème de la relation. Il concerne les étapes archaïques de la relation et de la communication et c'est notamment grâce aux travaux psychanalytiques que l'on comprend de mieux en mieux ces étapes. Avant de questionner l'interdit du toucher qui continue d'exister dans cette discipline, il nous faut rappeler tout d'abord quelques données explicatives sur le processus de mentalisation. Nous comprendrons mieux ainsi pourquoi le contact corporel doit être rendu possible en psychothérapie et comment il peut aider le travail psychique (nous en avons eu un exemple clinique dans le quatrième chapitre avec Blandine et la notion de contact-pensée).

L'analyse de la mobilité mentale du patient est précieuse. Il s'agit d'évaluer son degré d'ouverture face à la rencontre thérapeutique et la teneur de l'investissement de celle-ci. L'angoisse qu'elle peut provoquer est-elle ressentie ? Est-elle communiquée ? La personne présente-t-elle ou non la capacité de transmettre des réflexions désaffectivées aussi bien que des pensées émues ? Quel est le niveau d'élaboration des éléments partagés ? L'attention portée aux processus mentaux, engagés dans des systèmes de représentation aux constructions infinies, rend possible la découverte des liens que le patient tisse entre son monde interne et le monde externe.

L'étude du fonctionnement mental actuel permet aussi de forger des hypothèses sur les étapes antérieures et, dans l'autre sens, sur l'évolution future possible, cette possibilité fondant l'action thérapeutique. L'évaluation des qualités et de la mobilité mentales du patient présente ainsi un corrolaire : le projet psychothérapique de mobilisation des potentialités ainsi perçues. L'expression émotionnelle des patients, leur implication active ainsi que la part donnée à la relation vont dans le sens de cette mobilisation.

Revenons à Freud : la polarisation de son œuvre sur les systèmes représentatifs dans leurs différentes fonctions et notamment celles de secondarisation et de sublimation rend compte d'une ambivalence face au rôle de la vie affective. Il ne s'agit pas seulement d'une méfiance à l'endroit de l'affectivité mais d'une insuffisance théorique. La valeur maturante de l'affrontement et de l'élaboration des mouvements relationnels et des expériences émotionnelles est peu examinée. Elle le sera davantage chez des auteurs plus récents, notamment Bion, Winnicott et Green pour lesquels l'univers mental révèle les liens unissant l'activité pulsionnelle, la vie émotionnelle et les systèmes de représentations.

Grâce à ces auteurs, nous connaissons mieux le travail de mentalisation : cette notion désigne la capacité psychique de métabolisation et d'élaboration des expériences vécues. Elle indique la faculté du sujet à affronter et à travailler les matériaux bruts puis à les apprivoiser en les assimilant et en s'y accommodant. Les auteurs utilisent plus souvent le terme de symbolisation, concept plus obscur et utilisé dans des acceptions parfois imprécises. En fait, la symbolisation implique déjà une solide inscription dans le psychisme de l'univers pulsionnel et de la vie objectale. Elle désigne en effet, telle qu'elle est généralement utilisée, une capacité d'élaboration, de transformation des contenus psychiques déjà conséquente. A la notion de symbolisation qui est trop floue et qui vise l'étape ultime du développement cognitif, je prefère le concept de mentalisation qui englobe les pôles émotionnel et cognitif du développement. Cette notion est plus adéquate pour traiter de l'enracinement du fait psychique dans la vie relationnelle et émotionnelle qui le permet et lui donne sens. *La mentalisation est sans cesse revitalisée par la dynamique relationnelle.* Ceci n'est pas sans conséquence en psychothérapie d'adultes. C'est même sur les conséquences souhaitables de ce constat primordial que je focalise mon travail. Nous y reviendrons mais voyons tout d'abord quels sont les prérequis nécessaires à un fonctionnement satisfaisant de l'activité mentale et commençons par un bref rappel des contenus de la pensée selon Freud.

Il n'existe pas de texte freudien consacré à la pensée mais cette fonction est évoquée dans plusieurs de ses écrits[2]. Bien qu'incidentes, les remarques de Freud sur la pensée nous aident à percevoir combien ce concept touche à quelques grandes questions de la psychanalyse : celle de la genèse du Moi, de son fonctionnement, celle de la première topique qui différencie dans l'appareil psychique les systèmes inconscient, préconscient et conscient, celles de la mémoire, du langage, etc. Nous pouvons rapidement dégager quelques traits significatifs de la position freudienne :

— la pensée est un processus dynamique, sa structuration comme son exercice nécessitant une alimentation pulsionnelle ;

— le processus de pensée procède d'une préparation inconsciente vers un état conscient, l'étape organisatrice des échanges entre contenus représentatifs s'effectuant au niveau préconscient ;

— la perception consciente des pensées s'effectue par leur fusion avec des traces mnésiques sensorielles, celles-ci s'effaçant au fur et à mesure de l'acquisition du langage au profit des représentations qui en sont issues ;

— la pensée est un essai mental d'action permettant au sujet, pour un coût énergétique minimal, de se préparer à

2. Pour l'essentiel : *Esquisse d'une psychologie scientifique* (1895, paru en 1950 dans *Naissance de la psychanalyse*), *L'interprétation des rêves* (1900), *Formulations sur les deux principes de l'activité psychique* (1911), *L'inconscient* (1915), *Au-delà du principe de plaisir* (1920), *Le Moi et le Ça* (1923), et *La négation* (1925).

l'action en l'anticipant et éventuellement de la différer ou d'y renoncer ;

— enfin, le fonctionnement de la pensée est alimenté par une libido sublimée, c'est-à-dire par une force pulsionnelle prenant sa source dans l'excitation sexuelle mais dérivée vers le but non sexuel et socialement valorisé qu'est l'investigation intellectuelle. Toutefois, cette sublimation se montre plus ou moins réussie selon les individus et selon les structures. Apparaissent alors des signes cliniques caractéristiques comme chez la personnalité obsessionnelle pour laquelle l'érotisation de la pensée mène soit à son inhibition soit à son surinvestissement.

Ce portrait abrégé de la théorie freudienne de la pensée nous permet de percevoir clairement la dynamisation pulsionnelle qui fonde celle-ci, la soutient et peut aussi perturber sa naissance et son épanouissement.

Bion a développé les travaux freudiens sur ce point et montré que la personnalité se nourrit (Bion utilise tout au long de son œuvre le modèle du système digestif) des données de l'expérience sensorielle et émotionnelle, la pensée dérivant de cette source expérientielle originaire et fondamentale. La croissance de l'individu repose sur l'assimilation de ces données. L'incapacité à tirer profit de l'expérience émotionnelle apparaît détériorante pour la psyché, la mort psychique qui en résulte, observable chez certaines personnes psychotiques, signifiant l'incapacité à digérer les faits de la réalité externe et interne. Les *liens créateurs* entre les formes du monde extérieur et les significations émotionnelles du monde interne permettent une assimilation active des expériences, c'est-à-dire une prise de sens. L'activité de liaison apparaît donc fondamentale dans la pensée, qu'il s'agisse de liens d'amour, de haine ou de connaissance.

André Green va à son tour compléter ces travaux. Son œuvre est importante pour la psychanalyse car opérant une redialectisation du couple de concepts formé par l'affect et la représentation, réaction heureuse à la dérive lacanienne menant au surinvestissement du langage au détriment de la vie affective. Cette réhabilitation témoigne de l'influence des auteurs anglo-saxons qui prennent pour point de départ de leur théorisation non plus le travail verbal de représentation mais la vie relationnelle et émotionnelle. Elle est intéressante également par la conception de la relation analytique qu'elle précise : « *Le véritable objet analytique ne sera ni du côté du patient, ni du côté de l'analyste, mais dans la réunion de ces deux communications dans l'espace potentiel qui est entre eux, limité par le cadre...* » (1990, p. 141).

C'est à une véritable pensée du lien que Green nous convie : liens entre affects et représentations, entre analyste et analysant ou encore entre l'angoisse de séparation et l'angoisse d'intrusion. Cette pensée sur le lien permet de rendre compte, mieux que ne le fit Freud, de la base relationnelle qui conditionne la structuration du sujet. Il s'agit tout autant du lien entre deux personnes que des relations entre deux instances internes. Green nous aide à comprendre que « *la fonction essentielle de toutes les variantes de l'analyse classique, tant décriées, n'a pour but, en faisant varier l'élasticité du cadre analytique, que de rechercher et de préserver les conditions minimales de la symbolisation* » (p. 242).

Il convient en fait de se tourner davantage vers les enjeux de la relation, sans restreindre celle-ci à la communication verbale mais en incluant des formes interactionnelles plus vives.

Précisons maintenant quelques prérequis nécessaires à l'émergence de la pensée et spécifions les conditions interactives nécessaires au développement mental.

Prémisses de l'activité mentale

L'étude du fonctionnement mental et du travail spécifique qu'il requiert est rendue nécessaire par le champ de la clinique et notamment par l'attention portée aux malades psychosomatiques et aux sujets-limites. Cette confrontation clinique impose que l'on cerne au mieux les origines du psychisme. L'étude de l'émergence des processus de mentalisation, et celle de leur vitalisation chez l'adulte, impliquent, si l'on ne veut pas en tronquer des éléments essentiels, la considération de leurs fondements relationnels et donc des *expériences interactives* qui leur sont liées.

Comme l'avait exprimé dès 1923 Martin Buber qui n'était ni psychologue ni scientifique mais philosophe : « *Dès le degré le plus précoce et le plus confus de la vie personnelle, on peut observer à quel point ce besoin de la relation est un fait primitif* » (*Je et Tu*, p. 49). Rappelons quelques progrès effectués dans ce domaine depuis que la recherche en psychologie s'y est intéressée.

Le fonctionnement archaïque du nouveau-né est fait d'un assemblage d'impressions et de perceptions sensorielles sans grande coordination. Ces tableaux sensoriels manquent d'inscriptions et sont inaptes à un travail mental conséquent. Dès lors c'est l'adulte présent, le plus souvent la mère, qui rendra disponible pour le bébé son propre psychisme, psyché elle-même marquée par son histoire, ses caractéristiques personnelles et son vécu émotionnel concernant son enfant et le père de celui-ci. Cette mise à disposition s'effectuera dans et par la communication, dans ses différentes modalités : gestuelle, sensorielle, tendre, émotionnelle, paralinguistique, langagière. Ainsi le bébé, muni de ses compétences préalables, va bénéficier avec plus ou moins de bonheur des conditions interactionnelles, stimulantes ou non, tranquillisantes ou non, qu'offre l'environnement. Très tôt, il va percevoir la valeur affective de la communication et l'utiliser pour s'organiser.

Monique Pinol-Douriez, dans sa recherche sur l'émergence du symbole dans l'économie interactionnelle (*Bébé agi-Bébé actif*, 1984), montre pertinemment comment le bébé assimile l'environnement. Les processus de représentation et ceux de communication se confondent à cet âge et c'est *activement* que le bébé, dès la naissance, construit la continuité de son expérience et celle de sa vie représentative. Centrant son travail sur les aspects transactionnels des conduites de représentation, Pinol-Douriez s'appuie sur de nombreux travaux expérimentaux cognitivistes, éthologiques ou d'inspiration psychanalytique pour étudier les processus par lesquels les activités précoces du nourrisson sont d'emblée individuantes. Refusant de dissocier l'activité du sujet et la fonction de représentation, elle précise que « *la construction des premiers percepts, [...] apparaît bien actuellement, à travers les recherches les plus rigoureuses, liée **à l'activation émotionnelle, à l'orientation affective du bébé*** » (p. 18, c'est moi qui souligne).

Pinol-Douriez pose avec d'autres l'hypothèse de l'existence de représentations potentiellement symbolisables, ce qui permet de rendre compte de certains faits pathologiques comme l'équivalence effectuée par les schizophrènes entre représentations de mots et représentations de choses (croire par exemple que le mot « eau » peut mouiller). La métaphore descriptive de la vie mentale est celle de l'iceberg : les traces représentatives de l'expérience d'un sujet correspondraient à l'immense masse immergée et les représentations actuellement sémiotisées formeraient la partie émergée. Constatant la diversité et la richesse des instruments représentatifs d'assimilation que le sujet forge, l'auteur précise de manière très intéressante que « *ce sont les passages, les appuis réciproques entre différentes modalités de représentation — celles-ci ne seraient-elles qu'esquissées — qui me semblent constituer la richesse fonctionnelle de l'activité représentative lorsqu'elle devient possible pour l'enfant et lorsqu'elle s'exerce de façon créative chez l'adulte* » (p. 28).

Cette notion de passage, que ce soit entre différents niveaux de l'activité psychique ou entre le fonctionnement mental et les dimensions corporelles et émotionnelles de nos conduites ou encore entre le sujet et son environnement humain, doit être davantage étudiée. Elle sera développée dans le chapitre 7 consacré à la transitionnalité en psychothérapie.

Entre les premières conduites d'attachement et le processus de détachement naissent donc les premières élaborations représentatives. S'instaurent progressivement de véritables dialogues interactifs dans lesquels, si la mère initie un jeu, l'enfant pourra suivre et respecter le « tour » de l'autre dans l'échange. Winnicott nous dit qu'à cette époque « *il devient capable de montrer dans son jeu qu'il comprend qu'il a un "dedans" et que les choses viennent du dehors* » (1945, tr. fr. 1969, p. 36).

J'ai repris dans le chapitre 3 une hypothèse de Daniel Marcelli à propos des premières ébauches de la fonction de penser, hypothèse qui trouve également sa place ici. Rappelons que c'est la nature rythmique des échanges et des contacts entre le bébé et sa mère qui va permettre la mentalisation progressive du temps humain. La prise de conscience par le bébé que les expériences se succèdent permettra l'accès ultérieur à la figuration de ces expériences puis à des séquences d'expériences et de conduites de plus en plus complexes. Les pensées les plus précoces seraient donc des pensées sur une succession, elles seraient l'appréhension mentale d'un temps circulaire caractérisé par le retour. Les rencontres rythmées avec la personne présente et la confrontation à ses absences répétées vont faire passer le bébé de vécus d'événements sensoriels à des expériences ouvrant la voie à la mentalisation. La présence et la disponibilité de la mère, et notamment sa capacité de rêverie dans sa double fonction — de réceptivité contenante (Bion, 1962) et de pare-excitations (Fain, 1974) —, puis ses régulières indisponibilités ainsi que la communication interactive qu'elle et son enfant vont développer immédiatement, se révèlent comme les prérequis nécessaires à la capacité de mentaliser du bébé.

En fait, le problème du nouveau-né n'est généralement pas de s'ouvrir au monde, il le fait naturellement, mais au contraire de ne pas trop s'ouvrir et de pouvoir constituer son espace privé, intime. D'où l'importance des réactions de repli et de retrait que montre très tôt le bébé et qui lui permettent d'atténuer la communication quand les stimulations semblent vécues par lui comme trop fortes. L'état originaire chaotique va ainsi progressivement faire place à un sentiment de continuité et à un espace psychique où se développeront les représentations et les représentations de relations, les liens et les liens entre les liens.

Ces considérations théoriques sur le développement de l'enfant sont utiles en clinique adulte car nous avons à mieux penser l'origine relationnelle du travail psychique et des troubles communicationnels de nos patients, à mieux saisir ce qui s'actualise dans l'échange et mieux envisager les manières d'y faire face.

L'activité mentale naît de la vie relationnelle et reste stimulée et fortifiée à l'âge adulte par les échanges sentimentaux, émotionnels et intellectuels. Cette connaissance de plus en plus précise de la psychologie de la fin du XXe siècle reste méconnue par les praticiens de la psychanalyse qui n'y donnent pas suffisamment de suite concrète. C'est particulièrement flagrant si l'on examine l'interdit que se donnent les analystes de toucher leurs patients.

Le refus du toucher

Proposé par Freud qui utilisa le toucher à des fins thérapeutiques pendant les dix à douze années qui précédèrent la découverte de la psychanalyse, ce bannissement du toucher est surtout conceptualisé par D. Anzieu qui le pose comme un interdit (*Le Moi-peau*, 1985, p. 136-155). Mais les quatre raisons qui lui imposent l'hypothèse d'un interdit du toucher doivent être discutées. Reprenons-les, une par une.

La première est « *historique et épistémologique : Freud n'a découvert la psychanalyse (le dispositif de la cure, l'organisation œdipienne des névroses) qu'après s'être implicitement assigné dans sa pratique un tel interdit (sans toutefois en produire la théorie)* ».

Pourquoi rester enchaîné aux conditions historiques qui ont présidé à la naissance d'une technique thérapeutique alors que l'évolution des pathologies, moins de névroses classiques et plus de maladies du narcissisme, en montre les limites? Cette fidélité rigide me semble contraire à l'esprit thérapeutique, fait d'adaptabilité et de créativité.

La deuxième raison est psychogénétique : « *Les premières interdictions émises par l'entourage familial à l'égard de l'enfant, quand il entre dans le monde du déplacement (locomoteur) et de la communication (infraverbale et prélinguistique), concernent essentiellement les contacts tactiles; c'est en prenant appui sur ces interdictions exogènes, variables, multiples, que se constitue un interdit de nature interne, relativement permanent, et autonome...* »

Ces interdictions existent effectivement à propos des contacts avec des éléments dangereux comme le feu ou les couteaux, pour les attouchements sexuels et les coups agressifs, enfin pour le rapprochement corporel avec les personnes étrangères, non familières. Mais ces considérations ne sont pas adaptées à d'autres contacts tactiles tels les échanges tendres ou les enlacements de réassurance, après une frayeur par exemple. Il y a là un amalgame auquel cet auteur, par ailleurs rigoureux et souvent passionnant, ne nous a pas habitués. Il est bien évidemment souhaitable que les touchers dangereux soient proscrits, que ce soit vis-à-vis de l'enfant ou dans une proposition d'aide thérapeutique ; c'est la portée calmante du toucher, sa valeur de restauration et de communication qui se trouve sollicitée (éventuellement sollicitée, ce n'est pas non plus une prescription).

Seule la motion pulsionnelle brute doit être interdite, et elle l'est dans ma pratique par l'imposition d'une règle de non-passage à l'acte agressif et/ou sexuel ; mais les mouvements d'*origine* pulsionnelle peuvent, eux, avantageusement s'extérioriser dans l'espace thérapeutique pour pouvoir dans un temps parallèle ou second trouver un lieu à la fois d'épanouissement et de contention dans l'appareil psychique.

La troisième raison est structurale : « *Si le Moi est fondamentalement, selon l'expression de Freud, une surface (celle de l'appareil psychique) et la projection d'une surface (celle du corps), s'il fonctionne donc, d'abord selon une structuration en Moi-peau, comment peut-il passer à un autre système de fonctionnement (celui de la pensée, propre à un Moi psychique différencié du Moi corporel et autrement articulé avec lui), sinon en renonçant, sous l'effet du double interdit du toucher, au primat des plaisirs de peau puis de main et en transformant l'expérience tactile concrète en représentations de base sur le fond desquelles des systèmes de correspondances intersensorielles peuvent s'établir...* »

Pour cela, il faut vivre préalablement, à un moment ou à un autre du développement, la sécurité dans les plaisirs tactiles. Pour que les représentations s'étaient efficacement sur les plaisirs de peau, il convient que ceux-ci puissent être positivement vécus. Ce n'était pas le cas par exemple pour Blandine pour qui il s'agissait d'abord de lutter contre la primauté d'un vécu corporel angoissant. Pour un certain nombre de patients, il convient prioritairement de pouvoir accéder au plaisir d'être son corps, d'habiter celui-ci, même en contact avec un autre ou grâce à ce contact ; puis, une fois l'enveloppe corporelle bien investie, l'agrément sensoriel (qui n'est pas réductible au plaisir sexuel) de nouveau accessible, il devient justifiable de chercher en premier lieu dans l'échange avec le psychothérapeute l'élaboration mentale structurante.

« Une raison polémique enfin : l'essor des psychothérapies dites "humanistes" ou "émotionnelles", la concurrence de "groupes de rencontres" favorisant voire imposant les contacts corporels entre participants, la menace ainsi exercée depuis ces dernières décennies envers la rigueur de la technique psychanalytique et de sa règle d'abstinence du toucher, appellent de la part des psychanalystes d'autres réponses que l'indifférence sourde et aveugle, ou le mépris indigné, ou une conversion passionnelle aux méthodes "nouvelles"... »

Il s'agit là d'une position de contre-attaque défensive face à la « menace » des méthodes nouvelles, de retrait stratégique face à la « concurrence », bref d'un discours polémique peu en rapport avec des projets de soins.

Rien de solide en tout cas pour expliquer théoriquement et justifier cliniquement ce dogme de l'interdit du toucher. Ce discours est d'autant plus surprenant qu'il émane d'un auteur qui déclare dans *Une peau pour les pensées*, livre paru un an plus tard : *« Ou la psychanalyse survivra en se renouvelant et en intégrant tout ce sur quoi ces thérapies corporelles attirent l'attention, et elle subsistera en se renouvelant, ou en l'an 2000 on la rangera au magasin des accessoires périmés... »* (p. 79 de la première édition).

La position de D. Anzieu concernant l'interdit du toucher, position que j'ai étudiée car elle est celle de la psychanalyse, ne peut être généralisée. Elle me permet toutefois d'effectuer deux remarques : il s'agit premièrement de rappeler le constat freudien fondamental que la vie psychique a pour bases les qualités sensibles auxquelles W. Bion ajoute la vie *émotionnelle* et M. Pagès la *communication* émotionnelle. Selon moi, il convient de lier plus explicitement le monde intrapsychique et la dynamique relationnelle.

Il s'agit deuxièmement de regretter l'absence de conséquence technique pour l'analyse de patients présentant une perturbation dans la constitution et l'assimilation de ces bases. En fait, la confusion que semblent effectuer les analystes entre interdit du toucher et tabou de l'inceste les empêche de percevoir la valeur calmante et protectrice du contact interhumain ; et *« ce tabou du toucher préserve alors l'illusion que la pensée peut suffire à tout résoudre, laissant anesthésié le corps érogène. Au moins protège-t-il parfois l'analyste de ses propres souffrances archaïques... »* (Prayez, 1994, p. 193).

Il n'y a pas que le constat freudien du soubassement énergétique du fonctionnement mental qui soit resté sans suite concrète dans la cure. Les travaux d'un auteur fécond comme Winnicott sur l'importance de l'environnement concret et sur les soins donnés à l'enfant n'ont guère eu de suite pratique non plus. Pourtant, ce qu'il énonce à propos du soutien et du maniement, théorie connue et souvent citée, correspond à des soins qui sont *à la fois* physiques et psychiques.

Le maniement *(handling)*, qui n'est pas une manipulation au sens péjoratif du terme, désigne les soins physiques et utilitaires mais tout autant la dimension affective qui les accompagne (dans une caresse par exemple). Les besoins physiologiques sont satisfaits mais aussi et simultanément l'acquisition d'une intériorité et des limites corporelles. Ces contacts participent donc à la personnalisation. Il en est de même du soutien *(holding)*, terme qui correspond au fait que l'enfant est tenu et porté par la mère autant physiquement que psychiquement, ce qui lui permet d'unifier progressivement le noyau de son être.

L'enfant ainsi soutenu et manié par les parents a non seulement le sentiment d'être réel mais aussi celui d'être le même quelles que soient les expériences partagées. Acquisition d'une intériorité, personnalisation, unification du soi, inscription du principe de réalité, stabilité du sentiment identitaire : nous retrouvons des thèmes centraux souvent défaillants chez nos patients dont la continuité d'être n'est pas suffisamment assurée. L'impossibilité pour certains d'entre eux d'asseoir solidement leur fonctionnement mental provient en effet d'insuffisances dans le soubassement relationnel de leur psyché. Nous pouvons alors chercher l'origine de ces insuffisances dans l'histoire du sujet, aux fins de compréhension et d'élaboration d'une stratégie individualisée, mais nous pouvons aussi proposer un cadre et une relation qui apportent au patient sur les différents plans communicationnels ce qui lui fait défaut pour pouvoir parvenir à une nouvelle composition psychique.

Puisque certains besoins humains fondamentaux tels que le contact physique, la tendresse échangée ou la communication émotionnelle sont insuffisamment pris en considération par la théorie freudienne des pulsions et par la pratique psychanalytique, je développe une approche du sujet qui est davantage en quête de ces différents aspects. Cette approche s'ouvre à la pluridimensionnalité en intégrant l'action et le toucher et en évitant les explications réductrices.

Nous allons explorer maintenant l'importance des expériences partagées dans le cadre thérapeutique.

6
Expériences partagées et maturation

Bien que nous ayons besoin pour comprendre le monde d'établir des lois et d'élaborer des systèmes théoriques structurés, il faut bien reconnaître que ces systèmes réduisent ou tronquent le réel. Dans la réalité quotidienne, les états transitoires, les moments de crise et de passage sont beaucoup plus fréquents que les états strictement définis. Le désordre est présent et l'imprévisible toujours en instance. En conséquence, la pensée du mouvement mérite autant de considération que celle de la permanence et les psychothérapeutes sont amenés à adapter leurs pratiques aux états mouvants et incertains, transitoires et/ou transitionnels qui sont le lot quotidien aussi bien d'eux-mêmes que des patients.

Dans cette optique, je défends une approche thérapeutique hétérogène, non spécifique d'une école, une pratique dont le désordre n'est pas absent puisqu'elle a à le traiter et non à l'éviter, une méthode située au carrefour de la philosophie éthique, de la psychanalyse freudienne et des thérapies psychocorporelles. Il s'agit d'articuler les conditions de la relation vive (que je décrirai dans la troisième partie) avec le travail réflexif et le travail expressif émotionnel dans une pratique expérientielle et relationnelle intégrative.

Dans cet esprit, je vais tenter maintenant de mieux circonscrire la portée transitionnelle et mutative de certaines expériences faites dans le cadre thérapeutique.

La dimension expérientielle : Aimée et le travail sur la nudité

Le lieu thérapeutique est une sorte de laboratoire où chacun peut venir vivre ce qui dans son existence n'a pu être vécu ou mieux vivre ce qui fut mal vécu. Les traumatismes de la vie, les manques relationnels, les désirs non encore exprimés, tout cela et bien d'autres choses peuvent s'expérimenter en psychothérapie (le verbe « expériencier » conviendrait mieux car il met l'accent sur le processus phénoménologique subjectif — faire l'expérience de — et non sur l'expérimentation scientifique objectivante, mais ce terme n'est pas français). Bien que qualifiant également les modalités de la psychothérapie individuelle, c'est lors du travail groupal que cette dimension expérientielle est offerte avec le plus de richesse.

Cette pratique basée sur l'accueil et l'ouverture n'est pas sans poser question, et notamment celle de ses limites. Jusqu'où peut-on aller ? Je vais y répondre mais auparavant prenons un exemple présentant l'intensité de ce qui peut être en jeu. Cette illustration va également clarifier ce que je nommais précédemment une *ambiance* thérapeutique.

Cet exemple s'inscrit dans un projet d'ouverture. Il vient illustrer le fait que l'affrontement et l'élaboration des problèmes spécifiques à chacun s'enrichissent parfois d'une action concrète qui, si elle s'effectue correctement, c'est-à-dire avec respect, influence non seulement le comportement mais aussi et plus fondamentalement l'organisation dynamique du sujet.

Aimée participait au groupe de psychothérapie depuis deux ans. Elle y développait un projet d'émancipation psychique vis-à-vis des personnages parentaux et amorçait avec gêne et confusion des interrogations sur son identité sexuée. L'essentiel était une difficulté majeure à saisir ce qui constituait physiquement et psychiquement sa féminité. Son style général, sympathique mais sec, son visage durci sur un mode plutôt masculin et sa manière de se vêtir laissaient effectivement planer un doute sur son identité sexuelle.

Un jour, après avoir partagé ses interrogations sur le corps féminin et les manières de le regarder, elle se tourne vers moi et me demande comment concrètement continuer. Comme elle explorait ce thème depuis plusieurs mois avec quelques avancées non négligeables mais sans que véritablement s'opère un changement, je soutins alors son projet de travailler *concrètement* et lui proposais d'aller plus loin en explorant la nudité. Surprise par l'idée, elle ne la comprit tout d'abord pas puis finit par percevoir qu'il s'agissait de se déshabiller en présence des participants, qu'elle connaissait tous depuis plusieurs mois, et d'échanger avec nous sur sa manière de se percevoir et de se vivre physiquement.

Elle y pensa après le groupe puis vint à la session suivante en assumant le projet d'effectuer cette exploration. Pour pouvoir la mener à bien avec toute la sécurité psychique nécessaire, elle demanda qu'il n'y ait pas de commentaires désobligeants pendant son travail. Chacun donna son accord et une suite tout à fait féconde fut donnée. Le travail fut effectué en deux temps dans la journée, le premier pendant lequel elle ne se déshabilla que partiellement, restant en sous-vêtements et ainsi dialoguant avec nous sur un certain nombre de points précis qu'il n'est pas utile de révéler. Puis, quelques heures plus tard, pouvant se déshabiller complètement car elle avait conforté sa confiance en elle et en nous, elle put non seulement apprivoiser sa nudité partagée mais s'aperçut que cette situation, loin d'être la somme de honte et de souffrances qu'elle s'était imaginée, lui apparaissait simple et plutôt plaisante. La dédramatisation est en effet et souvent un apport précieux de ce type d'échanges basés sur l'intimité et le respect.

Ce travail révéla la différence marquée qui existait entre l'expression masculine de son visage et la grâce toute féminine de son corps, et plusieurs personnes du groupe lui exprimèrent ce deuxième point. Prenant conscience de ce fait et voulant lutter contre ce clivage corporel, elle décida alors d'harmoniser son vécu et son apparence et, prenant les conseils avisés du groupe, décida d'entreprendre un programme de massages relaxants et de soins du visage. Je cite ces conséquences concrètes car elles sont fondamentales, elles indiquent la suite positive donnée ultérieurement, dans le quotidien, aux travaux thérapeutiques. Le contenu vécu de l'expérience faite en thérapie et les suites singulières qui lui sont données dans la vie du patient sont essentiels. L'élaboration souhaitable du travail se fit par une mise en mots ultérieure favorisant la transformation de l'événement en expérience, expérience dont on s'assure alors qu'elle puisse s'inscrire au mieux sur le plan psychique.

Une condition de ce travail fut la cocréation par la patiente, le psychothérapeute et les participants, d'une ambiance groupale adéquate. Que le patient puisse faire des demandes spécifiques au cours de son travail individualisé au centre du groupe, et que les participants accueillent favorablement ces demandes et les respectent, sous la vigilance responsable du psychothérapeute, voilà deux conditions du type de travail expérientiel que je soutiens. De tels groupes de travail thérapeutique sont, on le comprend, la responsabilité de chaque participant : chacun peut s'y déployer avec l'accord et le soutien des autres. Chacun peut donc influencer la vie du groupe positivement ou négativement, selon son choix. Ainsi quand règne un sentiment d'ennui teinté d'agacement retenu, chacune des personnes présentes est responsable si ce n'est de l'apparition de cette ambiance du moins de son maintien. Au niveau individuel et au niveau du groupe, il faudra alors parler de ce qui se passe, probablement refuser cet enlisement quelle qu'en soit la raison et décider individuellement ou en commun d'une évolution positive et concrète des échanges.

Le groupe est ainsi ce que chacun en fait. La situation thérapeutique groupale est particulièrement propice à la prise de conscience de ce phénomène profond qu'est l'implication inévitable de chacun dans l'évolution des groupes auxquels il appartient. La passivité apparaît inéluctablement comme une complicité et cette complicité est active puisqu'elle est le résultat d'une prise de position du sujet. Le patient en psychothérapie groupale se trouve en situation privilégiée pour prendre conscience de son appartenance communautaire et surtout du rôle qu'il a pleinement à jouer s'il veut vivre avec vitalité cette existence coopérative, et parallèlement prendre conscience aussi de sa solitude vécue non plus comme isolement mais comme séparation saine et constructive.

Le groupe est ainsi une sorte de demeure où chacun peut éprouver les différentes facettes de son existence dont il ressent, peut-être plus là qu'ailleurs, combien elle est profondément solitaire et profondément communautaire, combien elle s'enrichit des liens essentiels à toutes ces personnes qui lui font vivre avec acuité un sentiment d'appartenance. Dans cette demeure, selon une expression de Buber à propos du désir humain de vie commune, l'individu trouve sa singularité et se réalise par la liaison aux autres vécus non plus comme menaces potentielles mais comme sources possibles de son individuation et de son épanouissement.

Cette socialité naturelle, souvent inconsciente ou méconnue bien que constamment à l'œuvre, est particulièrement mise en évidence en situation de groupe thérapeutique. Le travail expérientiel rendu possible dans ce contexte est fréquemment l'exploration active et concrète de cette socialité fondamentale qui passe alors du statut d'impression intuitive et naïve à celui de sentiment mûri et assumé.

Envisageons maintenant quelques limites à cette exploration thérapeutique.

Le travail des limites, les limites de ce travail

L'exploration expérientielle, celle de la vie émotionnelle et relationnelle, pose directement le problème des limites dans la communication psychothérapique. Les moments thérapeutiques que j'ai décrits sont le plus souvent des exemples de *travail relationnel et émotionnel en situation reconnue de transfert*, ce qui distingue cette approche d'une part des techniques psycho-corporelles qui n'intègrent pas clairement le travail sur la dimension transférentielle et d'autre part de la psychanalyse qui ne favorise pas suffisamment le travail sur la vie émotionnelle et relationnelle.

Notons ici quc cc travail émotionnel et relationnel entraîne inévitablement des résistances. Notons également que ces résistances à l'activation et à l'implication sont tout aussi intéressantes à explorer et à exploiter, du point de vue du gain thérapeutique que l'on peut en attendre, que les résistances à l'analyse et au transfert. La scansion d'un tel travail est souvent la suivante :

1. expression puis investigation des résistances;
2. émergence et vécu d'expériences directrices et novatrices;
3. reprise en une réflexion seconde de la valeur de dégagement et de maturation de ces expériences.

Mon désir de participer à l'édification d'une pratique psychothérapique pluridimensionnelle se fonde sur une double expérience : celle de la tradition psychanalytique et celle de psychothérapies plus récentes où prédominent l'interaction et la dynamisation. Si j'ai jusque-là soutenu ces méthodes impliquantes, il convient maintenant d'en examiner certaines limites.

Il peut s'agir tout d'abord d'une insuffisante maîtrise par le psychothérapeute de ses besoins narcissiques et relationnels. Cette faiblesse peut générer des pratiques où, par exemple, les patients sont chargés *implicitement* de soutenir le psychothérapeute en s'adaptant à ses demandes inconscientes, ou de le narcissiser en lui renvoyant l'image d'une personne positive et adéquate. Les patients à la personnalité « comme si », qui s'adaptent démesurément à leur entourage en oubliant leur authenticité, peuvent effectuer finement ce soutien au détriment toutefois de leur propre parcours.

Signalons aussi que le fait d'ouvrir des portes à la vie pulsionnelle et émotionnelle du patient, alors que celui-ci ne se trouve peut-être pas encore mentalement armé pour y faire face dans le quotidien, est une pratique délicate. S'il est vrai que les variations du cadre sont conçues positivement et dotées d'effets facilitateurs pour débloquer le processus psychothérapique pris dans la répétition, il n'empêche que l'aspect brut et direct de certaines techniques peut parfois ébranler des patients fragiles, non préparés à ces rencontres avec des parties enfouies d'eux-mêmes. Le travail préconscient, qui sert dans la psyché de pare-excitations, de limite interne, peut être débordé dans sa fonction gardienne et conservatrice. C'est pourquoi j'insiste sur la nécessité d'une préparation verbale et d'une constante vigilance quant à la quantité d'énergie libérée. Le travail préconscient est la condition d'une articulation entre éléments préverbaux et représentations de mots, ce qui justifie sa stimulation, pas son débordement.

C'est pourquoi aussi, même si le recours à l'expression agie active le processus psychothérapique et si l'on peut en attendre de moindres temps de marasme, cela ne signifie pourtant pas la perspective de thérapies brèves. Réaliser nos potentialités requiert du temps, quelle que soit la méthode choisie.

J'ajoute que nous avons besoin, individuellement et collectivement, de créer des mythes pour nous protéger de thèmes angoissants telles la folie et la mort et pour tenter de les exorciser. En psychothérapie, ces mythes sont parfois simplistes : vivez vos émotions et vous irez bien, soyez dans l'ici et maintenant et vous serez heureux, etc. Ces propositions accroissent parfois, chez les personnalités fragiles, le désordre intérieur voire le chaos car elles lèvent des barrières internes concernant le sexe, la mort ou la démence, et des barrières sociales à propos notamment du rapport à la Loi. Il est clair par exemple que la désinhibition de l'expression émotive ne suffit pas. C'est le *travail du lien* qui me semble le principe moteur : d'une part l'exploration des liens entre la communication émotionnelle et la vie représentative, et d'autre part l'investigation des liens entre l'univers intrapsychique et le monde intersubjectif. Ce travail du lien permet l'abord et l'exploration des thèmes angoissants sans risque de décompensation.

Concernant le travail expérientiel, la principale limite à évoquer reste certainement la possibilité que les nécessaires règles de travail ne soient pas suffisamment incarnées et représentées par le psychothérapeute. Comme ce point n'est pas l'apanage des psychothérapies activatrices, je vais l'illustrer de deux manières, par l'intervention d'un psychanalyste tout d'abord, par un exemple pris dans ma clinique ensuite.

F. Lechat, faisant suite au rapport de Marty et Fain sur l'« *Importance du rôle de la motricité dans la relation d'objet* » (*Revue Française de Psychanalyse*, 1955, XIX, n° 1-2), présente l'idée suivante, que je partage : régler le problème de la motricité pulsionnelle ne consiste pas à la maintenir refoulée ou à l'inhiber une fois pour toutes car c'est cela qui mène à l'angoisse, par peur de voir ressurgir cette motricité. Le problème est la confusion entre motricité pulsionnelle et violence, ce qui mène à leur répression en même temps. Il cite une séance d'analyse avec une patiente qui, excédée, avait déchiré le tissu d'un abat-jour situé dans la pièce. F. Lechat ne dit rien. A la séance suivante, cette patiente annonce qu'elle veut stopper son analyse. Ce que Lechat comprend clairement : « *Elle était complètement désécurisée parce que je n'avais pas mis une barrière protectrice devant sa motricité pulsionnelle, laquelle lui apparaissait maintenant comme dangereuse car une brèche s'était ouverte à son déferlement. Ce n'était plus de moi dont elle avait peur mais d'elle-même.* »

Un intérêt majeur des pratiques intégrant l'expression émotionnelle consiste à permettre l'extériorisation motrice, y compris sous sa forme agressive, dans un *cadre qui doit être clairement fiable*. Il eut fallu exprimer immédiatement à la patiente qu'elle pouvait extérioriser sa colère sur un coussin par exemple mais certainement pas sur le mobilier. Ces interventions permettent au sujet de progressivement différencier l'expression émotionnelle et la violence destructrice et ainsi de socialiser la première tout en contenant la seconde. Prenons un autre exemple, cette fois-ci dans ma pratique.

Lors d'un groupe auquel participait une patiente en état régressif marqué, je fus surpris par une réaction agie très forte de sa part : alors que je l'interrogeais sur ce qu'elle vivait, elle était silencieuse et visiblement très mal, elle se leva soudainement et se précipita sur moi, sans toutefois me toucher. Mais là, elle se mit à hurler de manière très aiguë et cela à moins de dix centimètres de mon visage. J'étais alors resté sidéré par la rapidité et l'intensité de cette expression émotionnelle. Bien que ses cris fassent vibrer mes tympans de manière pénible, je ne pus énoncer mon besoin qu'elle recule et ne fasse plus effraction dans mon champ personnel, mon espace privé. Je laissai finalement passer l'orage et nous pûmes ensuite verbaliser ce qui s'était passé. Mais mon vécu avait été si douloureux que je ne pus que plusieurs jours plus tard dépasser par rapport à cette personne l'état de méfiance et d'inquiétude dans lequel m'avait plongé cette attaque. Ce jour-là, j'avais été défaillant dans mes capacités protectrices tant vis-à-vis de moi-même que de cette patiente.

Ainsi, pour que le sujet ne se sente pas désécurisé par le déclenchement en lui de mouvements agressifs, il est souhaitable que le psychothérapeute montre sa capacité à les accepter et les affronter, notamment en les parlant calmement, mais aussi en cas d'urgence à les refuser. Cette attitude indique au patient que ne vont pas se débrider dans cette rencontre ses motions pulsionnelles ravivées au risque de la destruction de l'objet d'attachement qu'est son psychothérapeute ou tout au moins au risque de la rupture de la relation avec lui.

Enfin, une insuffisante critique épistémologique des pratiques activatrices n'est pas non plus sans conséquence.

Cet examen critique faible peut amener à des croyances plus ou moins magiques, à des stratégies de l'illusion comme, par exemple, la valorisation exclusive de techniques de suppléance prônant le « maternage » comme nécessité thérapeutique pour « réparer » les blessures des thérapisants. Certains travaux des psychanalystes Ferenczi, Winnicott, Balint ou ceux de Janov *(Le cri primal)* peuvent nous y inciter. Mais le risque serait d'oublier la nécessité structurante d'un positionnement non saturé d'affects, où l'écoute des plaintes des patients n'implique pas nécessairement la mise en œuvre de modalités concrètes de traitement de soins ayant comme visée d'être pour eux une mère suffisamment bonne. L'incarnation de la fonction paternelle de séparation, et ce qu'elle favorise d'accès à l'ordre symbolique, représente un réquisit tout aussi nécessaire à l'exercice de la fonction du psychothérapeute, quelle que soit sa méthode de prédilection. Il s'agit d'aider le patient à s'auto-restaurer grâce au tissage et à l'élaboration du lien spécifique et privilégié qui existe entre lui et son accompagnateur.

On peut donc aller loin dans l'échange, très loin même, à la condition que la règle de protection soit respectée. Je rappelle que pour moi cette règle consiste à interdire le passage à l'acte sexuel et/ou violent et seulement cela. Si le psychothérapeute est serein vis-à-vis de ce cadre, alors la force de l'engagement de chacun peut être grande et véritablement thérapeutique, c'est-à-dire source et moyen de changement. Si par contre le psychothérapeute n'est pas sûr des limites de son travail et si, par exemple, il confond l'enlacement tendre avec une tentative de séduction sexuelle, alors il empêchera très certainement les patients d'effectuer pour eux-mêmes cette distinction si importante. De même, s'il a peur d'être envahi par la colère dans une interaction implicante avec les patients, alors il ne favorisera pas non plus l'exploration, l'apprivoisement et l'utilisation constructive de l'énergie agressive. Les exemples pourraient être nombreux. La question dominante reste, au sujet des limites du travail d'activation émotionnelle et d'implication relationnelle, celle du cadre interne du psychothérapeute et de ses limites propres.

Nombre d'expériences faites dans le cadre thérapeutique révèlent la jonction entre le sujet et son environnement humain. Quand le lieu thérapeutique se fait ambiance, espace d'accueil, l'intériorité de chacun devient communication. Les expériences partagées prennent alors valeur de passerelles, de transition n'abolissant pas les discontinuités et les différences mais reliant les êtres entre eux. Pour restituer la spécificité de ces expériences de transition qui sont à inventer singulièrement avec chacun et qui font que le passage par l'acte devient passage à l'être, il nous faut maintenant préciser ce qu'est la transitionnalité.

7
La transitionnalité

Le fondement de la connaissance des autres, qui est en même temps connaissance de soi et de la différence, se trouve dans la pratique du rapport à autrui. A cette pratique s'ajoute, sans s'y substituer, la réflexion sur l'intersubjectivité. Le lien à autrui et la question de l'entre-deux ne sont pas encore très élaborés dans les théories de la psychothérapie. Je vais toutefois examiner une intéressante percée théorico-pratique relative à la transitionnalité dans la cure (travaux de Kaës et Anzieu, 1979). J'en retiendrai quelques principes puis j'envisagerai la valeur transitionnelle de l'implication expressive, enfin je traiterai du rôle de l'intermédiaire dans le travail de construction psychique.

L'adjectif *transitionnel* renvoie à l'hypothèse émise par Winnicott d'une aire intermédiaire entre la réalité interne et la réalité externe. Cet espace est particulièrement exploré lors des premières années de la vie, c'est-à-dire lors de la constitution par le jeune enfant de son intériorité parallèlement à la reconnaissance qu'il effectue progressivement de la réalité extérieure. Dans le cadre de sa théorie du développement affectif individuel, Winnicott s'est longuement penché sur l'adaptation progressive du jeune enfant à la réalité et sur la manière dont, bébé, il passe de la dépendance absolue à un état de dépendance relative. A la réalité psychique interne et à la réalité externe partagée, Winnicott ajoute un troisième niveau constitué par « *une zone intermédiaire d'expérience où la réalité intérieure et la vie extérieure contribuent l'une et l'autre au vécu. [...] Il existe un état intermédiaire entre l'inaptitude du petit enfant à reconnaître et à accepter la réalité et son aptitude croissante à le faire* » (1969, p. 111). Winnicott s'était aperçu de l'importance pour le développement de l'enfant de la première possession particulière de celui-ci, que généralement les parents admettaient facilement. Il s'agit le plus souvent d'un morceau de tissu doux, d'une peluche ou d'une petite couverture que l'enfant va affectionner tout particulièrement, ce qui n'exclura pas que, tout en le dorlotant, il le salisse et le détériore. L'objet ainsi investi doit survivre à l'amour instinctuel y compris dans sa forme agressive.

Ces objets s'intègrent dans une catégorie plus vaste, celle des phénomènes transitionnels comprenant les autres sources sensorielles, notamment vocales et auditives : le gazouillis, la mélodie chantée lors de l'endormissement, etc. Objets et phénomènes transitionnels permettent à l'enfant de distinguer de plus en plus clairement l'extérieur et l'intérieur et, une fois cette distinction « moi-non moi » acquise, de se rassurer lorsqu'il sera confronté à l'angoisse de séparation. Voués au désinvestissement progressif, ils perdront leur signification et ce « *parce que les phénomènes transitionnels sont devenus diffus, se sont répandus sur tout le territoire intermédiaire qui sépare "la réalité psychique intérieure" du "monde extérieur dans la perception commune à deux personnes", c'est-à-dire qu'ils recouvrent tout le domaine de la culture* » (*idem*, p. 114). Ultérieurement, l'adulte pourra contacter à nouveau cet espace potentiel, cette aire intermédiaire entre subjectivité et objectivité, lors de certaines activités tels le jeu, la création de type artistique ou la rêverie, et aussi, selon ma recherche, lors de certains temps ouverts à l'expressivité libre en situation psychothérapique.

J'ai été fortement et positivement influencé par les études de Kaës, Anzieu et Kaspi sur la transitionnalité en psychanalyse[3].

3. Ces travaux ont été publiés sous le titre, qui vaut comme résumé, *Crise, rupture et dépassement*, Dunod, 1979.

La transitionnalité désigne « *cette zone intermédiaire d'expérience et ce processus de passage (de transition) entre deux états subjectifs :* ***la transitionnalité est l'aménagement d'une expérience de rupture dans la continuité****. Elle se définirait aussi par l'incertitude quant au rétablissement de la continuité, de la confiance et de l'intégrité de Soi et de l'environnement* » (Kaës, p. 60, c'est moi qui souligne). Un des modes d'élaboration de la transitionnalité concerne la capacité du patient et du psychothérapeute à fonder dans la situation thérapeutique une aire transitionnelle (que Winnicott nomme *espace potentiel*) dont l'instauration est nécessaire à un bébé pour se séparer mais aussi à un adulte exposé à l'hémorragie narcissique, ou encore à un groupe en crise. Cet espace potentiel assure la transition vers un changement positif.

C'est l'instauration de cette zone intermédiaire et son exploitation qui furent effectuées par et avec Blandine, patiente dont j'ai résumé le parcours dans le quatrième chapitre. Le travail qu'elle fit devint thérapeutique quand les phénomènes transitionnels qui manquaient à sa structuration furent abordés de front et utilisés. Pendant son travail avec moi, et pour éviter la répétition d'une situation pathogène (un lien communicationnel, corporel et émotionnel troublé avec la mère des premiers âges), nous avons été amenés à convenir d'un mode relationnel singulier, à savoir un accueil corporel de ma part amenant progressivement cette patiente à se détendre, à s'ouvrir et faire confiance à la situation psychothérapique puis à pouvoir mieux mentaliser et verbaliser ses pensées et ses affects. Le cadre et la relation psychothérapeutiques furent donc aménagés pour que cette personne puisse vivre des expériences communicationnelles et psychiques l'amenant à une restructuration progressive.

La transitionnalité désigne ici comme dans bien d'autres psychothérapies le passage de l'état d'union fantasmatique avec la mère, ou un substitut tel le psychothérapeute, au vécu de la différence et de la séparation, c'est-à-dire à l'état de relation. Ce travail nécessite que pour chaque patient régressé, le psychothérapeute repère les « *conditions qui vont rendre possible la capacité de rétablir, dans l'expérience de la rupture, des symboles d'union* » (Kaës, p. 61).

Au sujet de ce repérage et pour montrer le caractère toujours singulier des modalités d'exploitation de la zone mystérieuse de l'entre-deux, j'évoquerai succinctement un exemple concret. Un patient d'une quarantaine d'années me quittait toujours d'une manière particulière : après m'avoir serré la main et dit au revoir, il restait là, sur le pas de la porte, un pied dehors, l'autre dedans, silencieux et les yeux dans le vague pendant une trentaine de secondes. Puis, semblant se ressaisir, il disait à nouveau au revoir et partait. Ce moment était remarquable pour la qualité spécifique de son état à ce moment-là, et la profondeur de ce qui semblait en jeu pour lui, et dont d'ailleurs nous ne parlâmes pas (me demandant aujourd'hui pourquoi, je m'aperçois que je n'ai pas osé ni voulu troubler cet instant très personnel, privé, et l'ai respecté sans chercher à le modifier). Il semblait se créer un temps et un espace transitionnels pendant lesquels il était encore physiquement avec moi mais mentalement avec ses objets internes, dans un lieu intermédiaire, ni mon bureau ni l'extérieur mais les deux à la fois. Puis il pouvait partir et probablement m'emmener psychiquement avec lui. Jusque-là, les moments de séparation équivalaient pour lui à des temps de rupture et l'entraînaient régulièrement vers des conduites de marginalisation parfois dangereuses. Lors des fins de séance, l'organisation du temps et de l'espace que je viens de décrire lui a permis d'intérioriser ce qui était analysé en séance mais ne pouvait être véritablement intégré sans ces expériences transitionnelles intéressant spécifiquement la zone intermédiaire entre lui et son psychothérapeute, entre son intériorité et celle d'autrui.

L'expérience transitionnelle permet notamment d'explorer et d'exploiter le travail de la *différence entre l'autre comme objet psychique interne maîtrisable et autrui comme personnage incarné et séparé qui échappe toujours à la possession*. Elle favorise un travail spécifique de la dépression par différenciation de ces deux niveaux, externe et interne, et par la reconnaissance qu'autrui, même absent, même mort, reste présent et vivant dans le monde intrapsychique.

Parmi les principes de l'analyse transitionnelle formulés par Anzieu dans l'ouvrage cité, quelques-uns sont importants pour mon propos. Je les signale brièvement. Il s'agit tout d'abord du principe de non-répétition du pathogène, attention thérapeutique que je tiens pour centrale et qui pourrait être exprimée ainsi : toute variable du cadre qui répéterait pour le patient une situation pathogène de son enfance, par exemple une carence spécifique de son environnement, doit être suspendue jusqu'à ce que l'analyse et le dépassement de cette situation, de cette carence, aient pu s'effectuer, « *sinon la situation psychanalytique ne fait qu'augmenter et confirmer un processus de traumatisme cumulatif qui devient alors inanalysable* » (p. 205). Une part importante de mon travail résulte de ce constat clinique. Le patient a besoin de vivre dans la relation thérapeutique une sécurité de base, sans empiètement et sans discordance, pour ensuite pouvoir commencer à véritablement s'autonomiser. Il doit effectuer à plusieurs reprises l'expérience que le psychothérapeute le considère *vraiment* pour pouvoir s'ouvrir vraiment lui aussi.

La possibilité pour le psychothérapeute d'accepter la présentation ou le dépôt d'objets appartenant au patient est également et à juste titre soutenue par ces auteurs. J'en prendrai un exemple dans ma pratique : une patiente me demanda de conserver dans mon cabinet une poupée, à laquelle elle attribuait un prénom. Cette poupée représentait une partie fragile et vulnérable d'elle-même qu'elle souhaitait ainsi protéger pendant la traversée d'une phase particulièrement difficile marquée par de profondes et haineuses attaques contre sa mère et contre son être propre. Cette représentation aimée de sa personne se trouvant à l'abri dans mon bureau, elle put alors traverser cette période tourmentée, ce à quoi elle ne pouvait accéder jusque-là.

Les analystes transitionnels énoncent également la possibilité pour le psychothérapeute d'interpréter en première personne. L'intérêt de cette pratique est évidente avec certains patients, fort nombreux selon moi, qui ont besoin de sentir derrière l'analyste qui interprète « *un être humain réel dans la plénitude et avec la densité de sa présence* » (p. 212). L'analyste peut alors communiquer une pensée ou un sentiment qu'il éprouve personnellement et réellement, en tant qu'homme ou femme. Cette intervention utilisant le *je* aide le patient à se structurer par le biais de l'identification au psychothérapeute qui, en parlant et en se montrant comme un individu singulier, communique avec le patient avec implication et distanciation. Cette pratique me paraît particulièrement féconde à deux niveaux : premièrement, la demande du patient que le psychothérapeute se montre davantage est entendue, prise en considération et partiellement satisfaite, ce qui est une nécessité pour l'instauration et le développement d'échanges communicationnels constructifs ; deuxièmement, la réponse positive de l'analyste prend également valeur d'interprétation d'un manque communicationnel fondamental dont le patient peut alors mieux saisir l'origine et les enjeux.

Enfin, parmi les principes de l'analyse transitionnelle, je citerai l'intérêt d'être vigilant à l'égard des attaques contre les progrès de la cure. Ces attaques sont fréquentes avec certaines personnes qui supportent mal le processus de changement positif lors de la psychothérapie. Ce que le patient a pu recevoir de bon du psychothérapeute, il faut parfois qu'une partie de lui le détruise. Il tente ainsi de faire ressentir au psychothérapeute la déception qu'il a lui-même subie vis-à-vis de son entourage précoce. Souvenons-nous que cela s'est effectivement produit avec Julien (premier chapitre) qui a mis un terme soudain et prématuré à sa psychothérapie alors que les progrès effectués étaient assez considérables mais non encore stabilisés.

Malgré le très grand intérêt des travaux cités, je ne peux pleinement suivre leurs auteurs dans leurs développements car l'un d'eux précise que les réquisits imprescriptibles de l'analyse classique restent les mêmes pour l'analyse transitionnelle. Il s'agit de « *la neutralité bienveillante, c'est-à-dire l'acceptation du patient tel qu'il est, l'abstinence de toute gratification réelle à ses désirs sexuels, agressifs ou autodestructeurs, le recours quasi exclusif de la part du psychanalyste à la parole (éventuellement préparée ou accompagnée par des expressions corporelles ou des gestes de nature purement symbolique), la compréhension de tout ce qui se passe dans la séance comme matériel transférentiel, la perlaboration du contre-transfert* » (Anzieu, p. 204).

Je ferai deux remarques sur cette imprescriptibilité car je regrette l'écart existant entre la théorie psychanalytique, féconde si l'on parvient à éviter les pièges dénoncés précédemment, et la technique psychanalytique dont les principes rigoureux sont trop systématisés et deviennent rigides. Par rapport à la neutralité que même les analystes transitionnels souhaitent maintenir, j'ai précisé pourquoi je préfère l'articuler avec la notion d'implication distanciée. La neutralité intersubjective, si elle existe, apporte peu à ces patients perturbés qui sont nombreux à manquer de repères identitaires et sont perdus dans l'altérité. Leur quête de vérité en matière de relation humaine justifie de la part du psychothérapeute une autre réponse que celle, défensive parfois, consistant à s'enfermer dans le jeu du miroir réfléchissant, sensé par cet intermède spéculaire soutenir le sujet dans son cheminement individualisant. J'en donnerai un bref exemple.

Laura, jeune femme arrivée récemment dans le groupe, utilise celui-ci, après quatre années de cure psychanalytique classique, pour réciter inlassablement qu'elle n'est pas intéressante, pas jolie et surtout très ennuyeuse. M'imaginant le nombre de personnes ayant perdu leur temps à la persuader que cela n'était pas vrai, et pensant que son analyste lui avait maintes fois interprété ce comportement, je décide un jour où ce même refrain m'ennuyait, de le lui signaler en verbalisant qu'effectivement quand elle parle ainsi, elle ne m'intéresse pas. J'attendais depuis quelque temps que le groupe, qui s'enfonçait dans une apathie silencieuse pendant qu'elle parlait, le lui signale mais une censure semblait peser sur la possibilité de mettre en mots une ambiance groupale tombant pourtant visiblement en langueur. Pour la respecter telle qu'elle est, selon la formule d'Anzieu (difficile de proclamer que l'on n'est pas d'accord et qu'il ne faut pas respecter les patients), aurait-il fallu cacher cet ennui et le remplacer éventuellement par une interprétation sur ses désirs œdipiens non assumés dont elle se défend en endormant l'objet de transfert paternel ? Si l'on ajoute une référence à un besoin de se protéger, en n'étant pas séduisante, des attaques redoutées des rivales présentes et aussi une tentative d'éviter ses propres attaques contre elles — elle a deux sœurs dont une est « la fille à papa » — on touche au plus près les éléments œdipiens en jeu dans cette scène. Ces interprétations lui ont d'ailleurs été formulées, sans influence sensible. Je crois que ce qui a été utile, ce qui lui a permis de se dégager de cette mascarade (d'enlever ce masque), c'est la reconnaissance qu'effectivement elle était ennuyeuse quand elle jouait à se dévaloriser et qu'aujourd'hui, cela ne lui apportait plus les bénéfices jadis recherchés.

L'assomption par le psychothérapeute de l'ennui qu'elle véhiculait fut un pas (je ne prétends pas que c'est suffisant) non pas vers la prise de conscience de son attitude qu'elle comprenait intellectuellement, mais vers la remise en cause de ce jeu transactionnel qui dorénavant l'enfermait. Une implication affective du psychothérapeute, exprimée verbalement, s'est donc révélée utile car entraînant une réponse émue de sa part : étonnement, prémisses de colère puis, assez rapidement, large sourire satisfait. Comme si la reconnaître ennuyeuse équivalait à la reconnaître, ce qu'elle voulait absolument obtenir. Comme s'il lui fallait réussir ce plan comportemental avant de pouvoir interagir autrement avec le psychothérapeute et à travers lui avec le père distant mais omniprésent en elle. L'impact visible de son attitude sur le psychothérapeute l'assurait de pouvoir influencer le vécu intérieur du père, et des autres hommes, et la rassurait sur son intérêt en tant que personne sexuée, la libérant alors pour pouvoir rencontrer autrui autrement qu'en transmettant et en recevant une lassitude agacée.

L'acceptation par le psychothérapeute de certains scénarios transactionnels mis en place par les patients aboutit à plus de souplesse dans le jeu ainsi répété. Plutôt que d'interpréter le besoin de répétition, il est parfois préférable de percevoir la répétition du besoin et de communiquer à ce niveau-là.

Deuxièmement, l'abstinence de toute gratification réelle prônée par Anzieu n'est selon moi pas thérapeutique. Il ne s'agit pas bien sûr, l'auteur a bien évidemment raison sur ce point, de satisfaire sexuellement un patient ou de l'aider à se détruire. Mais avec certaines personnes particulièrement fragiles, il n'est absolument pas judicieux pour le processus en cours de rester dans une attitude frustrante par rapport à leurs demandes. Celles-ci sont presque toujours des demandes d'amour ou de tendresse parfois maladroitement exprimées, le sexuel ou l'agressif prenant apparemment le dessus. C'est au psychothérapeute de faire l'effort de dépasser le niveau manifeste pour accéder à la demande latente et de donner une suite positive à ce second niveau. Les échanges tendres qui en résultent sont effectués réellement, ils ne se limitent pas à des gestes *purement symboliques* (?), et cette effectuation ouvre une porte d'accès vers la mentalisation.

Dans le cadre de mon projet qui est de jeter des passerelles entre les méthodes, notamment entre la psychanalyse et les psychothérapies incluant le travail émotionnel et relationnel, je vais maintenant examiner comment la mise en expression peut prendre une valeur transitionnelle.

L'agir relationnel comme phénomène transitionnel

Le mouvement vers l'autre est un agir porteur d'affect. En tant qu'expérience intime partagée avec le psychothérapeute, cet agir peut enrichir l'appréhension sentie et pensée de soi-même. C'est une fonction importante du psychothérapeute que d'inciter le patient à contempler et mettre en mots ce qui s'agite en lui avant, pendant et après son implication active. L'effet de surprise parfois provoqué par une reconnaissance de bonne foi, c'est-à-dire non défensive, des affects actualisés, des images présentes et de leur modification au cours de l'agir n'est pas une des moindres nécessités du processus de changement.

L'agir est alors un passage, une étape intermédiaire entre le dedans et le dehors, dans les deux sens. Il peut prendre valeur d'interprétation d'une problématique et de désignation par défaut de défenses ou résistances habituellement mises en œuvre pour y pallier.

Prenons l'exemple d'Étienne, jeune homme n'ayant pu dans son développement intégrer de manière structurante une fonction paternelle insuffisamment incarnée par son père. Dans le groupe ce jour-là (il travaillait depuis deux ans avec moi sur un mode essentiellement analytique), plusieurs indices comportementaux indiquaient qu'il se trouvait dans une opposition muette. J'avais présent à l'esprit qu'il avait très mal accepté que je lui fasse payer une séance manquée dans les semaines qui avaient précédé cette session. Sa participation à la vie du groupe était plus faible qu'habituellement, il se tenait en retrait et n'était intervenu que pour se plaindre de moi de manière confuse. Comme il ne pouvait exprimer plus clairement ses griefs, j'eus l'image d'une lutte entre nous. Je lui proposai alors un bras de fer nous réunissant tous les deux au centre du groupe, la main dans la main (reconnaissance de notre alliance) mais opposés, chacun puisant dans son énergie pour lutter avec volonté et efficacité. Les yeux dans les yeux, je l'invitai à exprimer avec sa voix ce qu'il ressentait tout en le faisant moi-même sous la forme primaire de grondements et de cris. Je finis avec difficulté par gagner, ce qui sembla le contenter.

Mon hypothèse est la suivante : il était rassurant et structurant pour lui de se trouver en opposition forte, physiquement et psychiquement, avec moi en tant qu'image paternelle et en tant que psychothérapeute, psychothérapeute dont il jugeait la loi parfois sévère mais dont je sais qu'il appréciait le style. Cette lutte le détendit et il put ensuite verbaliser son état d'opposition avec honnêteté et sans peur. Lors du bilan qu'il effectua au terme de cette année de groupe continu, il dit notamment : « *Le groupe me permet de connaître mes limites. [...] Sur le plan financier, je ne suis plus endetté ; plus généralement, dans ma vie je ne m'autochâtre plus.* »

L'agir relationnel peut servir également d'étayage de la prise de conscience et de révélateur d'éléments transférentiels. Si je prends le même exemple, il est certain, et les élaborations qui ont suivi l'ont montré, que la mise en acte proposée à Étienne a mis en lumière la reviviscence sur moi de son lien ambivalent au père. Il put ensuite mieux l'élaborer et s'en distancier.

L'agir favorise aussi l'assouplissement et le renforcement du travail de liaison psychique qui s'effectue de manière préconsciente. Dans *L'interprétation des rêves* en 1900, Freud précise que le préconscient commande l'accès à la motilité. J'ajoute que l'exercice de la motilité favorise le travail préconscient, selon une loi d'influence réciproque.

D'une manière générale, le travail relationnel actif facilite l'investissement d'une aire et d'un temps transitionnels permettant au patient de décoller d'avec des modes répétitifs et peu efficaces d'affrontement de ses difficultés, et parfois de rompre avec eux. En ce sens, l'implication relationnelle prend valeur d'une rupture amenant le patient vers une distanciation mutative vis-à-vis de schèmes compulsifs et répétitifs de comportement et de pensée. Au service de l'expérimentation, *l'implication relationnelle permet le travail de cette zone intermédiaire entre moi et non-moi, entre présence et absence, entre le sujet et son environnement*. Winnicott, traitant de ce champ d'expérience, utilise le terme *experiencing* qui met justement l'accent sur le processus, sur le mouvement plus que sur l'état. Le jeu qui est ainsi rendu possible est très peu normé, hormis les règles de protection. L'espace de création qui en dérive favorise un travail de réaménagement des représentations et de réévaluation des systèmes défensifs habituellement mis en œuvre.

La mise en acte a également valeur de figuration de la vie pulsionnelle et conflictuelle, ainsi distanciée du sujet. Celui-ci peut alors trouver le recul nécessaire à l'observation de ces parties de lui-même rendues moins dangereuses par cette extériorisation. Un des atouts de celle-ci est l'apprivoisement de ce qui nous effraie à l'intérieur de nous. Ainsi, dans l'espace potentiel de la structure thérapeutique individuelle ou groupale, le patient n'est plus seulement travaillé par ses fantasmes, ses pulsions et ses désirs, il les travaille. La mise en acte est une mise en communication pleine et créative avec le psychothérapeute, et avec le groupe si le travail s'effectue en groupe. La proposition que je fais souvent à la personne d'enrichir son appréhension d'elle-même par des gestes, des sons et des mots au fur et à mesure de l'évolution de son travail s'apparente à la règle fondamentale d'association libre mais en élargissant cette licence aux enchaînements corporels, émotionnels et paralinguistiques.

L'implication relationnelle et émotionnelle prend donc valeur de dégagement : dégagement d'un mode de fonctionnement mental, émotionnel et communicationnel en proie à des opérations défensives mortifiantes vers un autre, assoupli, davantage ouvert à l'innovation et à la réalisation des potentialités du sujet. Le temps intermédiaire peut notamment être celui d'une régression dont la mise en acte figurative aura permis l'expression.

Ainsi pour Myriam, le jour où elle jouera dans le groupe, avec beaucoup d'implication et de plaisir, le rôle d'une prostituée habillée de cuir, armée d'un fouet et satisfaisant ses désirs agressifs sur nous (les vêtements de cuir sont imaginés, le fouet est représenté par sa ceinture et les coups, réels, tombent sur des coussins placés devant nous). Il s'agit d'une régression formelle pour cette femme bloquée et étouffée par un hypercontrôle mental, verbal et communicationnel, et qui dans cette scène s'était laissée aller à user d'un langage cru et à émettre des sons de plaisir quand les coups de ceinturon pleuvaient sur les coussins, donc à *se servir de modes expressifs inhabituels* pour elle.

Surprise par l'évidence de son plaisir à jouer cette scène, elle put reconnaître alors, et l'élaborer ensuite, comment ses fortes pulsions agressives la sidéraient, l'effrayaient tout en l'excitant, et comment une partie importante de son énergie vitale était consacrée à la maîtrise de cette partie d'elle-même. Les nombreux tourments qu'elle affrontait semblaient nécessaires pour vérifier qu'elle était bien en vie, ce qui donnait d'ailleurs à son malheur et à sa douleur une part volontariste et complaisante. Les tensions et l'angoisse semblaient la confirmer en tant qu'être existant et tout son style tendait à confirmer que « tant qu'on est dans la dette, on est en vie ». Dans le groupe, elle put vivre différemment, sur un mode ludique, c'est-à-dire créatif, son énergie agressive qui jusqu'à présent n'était source que de jouissance masochiste, cette jouissance-là intégrant la souffrance de ne pouvoir se vivre vraiment. Elle put le faire en s'appuyant psychiquement sur un groupe conteneur, disponible et acceptant, groupe facilitant ainsi la structuration par la canalisation pulsionnelle et non plus par une censure invalidante car démesurée.

Cet épisode *et son intégration* permirent à Myriam de moins vivre sous l'emprise de cette énergie agressive qui, n'ayant pas accès à la conscience, infiltrait sa vie psychique et sexuelle de manière souterraine. Elle put lui donner une place plus juste en elle, l'intégrer plus harmonieusement au reste de sa vie.

Au total, ce chapitre nous permet de percevoir la *fonction transitionnelle de l'implication émotionnelle et relationnelle* qui consiste à permettre ou faciliter un processus de passage entre deux états subjectifs, processus marqué par une rupture dans le vécu du sujet. Aménageant la structure de travail ainsi que leurs modalités relationnelles, patient et psychothérapeute inventent ensemble des expériences permettant au premier de vivre des temps régressifs ou temporairement désorganisés. Il expérimente ainsi de nouvelles relations au temps, à l'espace, à autrui et donc à lui-même qui peuvent l'aider à modifier ses modalités existentielles habituelles.

Transitionnelle également la faculté soit de créer de nouveaux liens psychiques, soit de rendre conscientes des liaisons jusqu'alors insuffisamment affermies par le travail psychique préconscient. Le passage par l'agir communicationnel, vécu dans un cadre psychothérapeutique assoupli mais stable et rigoureux, prenant place au sein d'une relation suffisamment contenante, fait partie des conditions de rétablissement des liens psychiques et relationnels actifs et positifs.

Ainsi, l'expression motrice et l'implication relationnelle favorisent le mouvement de pensée.

Ceci nous incite à penser le mouvement, les conditions de sa réalisation et aussi à conceptualiser une pratique qui accueille favorablement, et même sollicite, ces temps de mise en mouvement du corps et de l'esprit. Mais une telle pratique est transitionnelle, ce qui échappe à toute définition fixe et complexifie sa théorisation. Le recours à la catégorie de l'intermédiairc est alors une aide précieuse pour articuler les influences et cerner des frontières qui ne peuvent qu'être mobiles.

L'intermédiaire dans le travail de construction psychique

L'intermédiaire est ce qui fait lien. Espace transitionnel, lieu de jonctions et processus de liaison, il s'agit d'un phénomène clef pour les pratiques thérapeutiques. La réduction des oppositions entre les méthodes thérapeutiques (la psychanalyse, la bio-énergie, la gestalt, le psychodrame...), tout en respectant les nécessaires différences, rend les processus intermédiaires plus accessibles. Le pontage qu'ils autorisent est une visée majeure de ceux qui souhaitent favoriser des mariages et non soutenir des exclusions réciproques. Je valorise pour ma part ce qui a trait à la transformation, à la création et au passage.

J'ai abordé précédemment la théorisation de Winnicott concernant les phénomènes transitionnels. Il est clair que les concepts *transitionnel* et *intermédiaire* sont proches. C'est ainsi qu'à propos du premier, Winnicott parle d'une « *zone d'expérience qui est* intermédiaire *entre le pouce et l'ours en peluche, entre l'érotisme oral et la relation objectale vraie...* » (1951). Cette zone d'illusion et de repos doit être respectée par l'entourage, qu'il s'agisse des parents dans la petite enfance ou du psychothérapeute. Parfois, le patient se trouve dans un temps et un espace de création mentale ne nécessitant aucune intervention des personnes présentes et même ne devant pas être interrompus ni perturbés, notamment par une interprétation qui aurait alors le caractère d'un parasitage ou d'une effraction. L'écoute réceptive et un climat respectueux et favorable sont alors suffisants. Mais c'est déjà beaucoup.

Les phénomènes transitionnels sont intermédiaires entre l'union et la séparation, la continuité et la discontinuité, la présence et l'absence. Ils rendent prégnantes les fonctions de passage et de transformation, de reprise et de structuration. Je soutiens que l'expression libre rendue possible par la relation privilégiée au psychothérapeute participe, en la préparant et en la nourrissant, à cette fonction structurante et donc, à terme, à l'organisation symbolique. Bien qu'il ne serve à rien d'énumérer toutes les formations intermédiaires possibles, comme il est vain de vouloir recenser les objets transitionnels, je citerai pour la clarté quelques exemples : le coussin que le patient étreint sert d'intermédiaire entre lui et le psychothérapeute ou entre deux parties de lui-même ; le cri est un intermédiaire entre un silence enfermant et un mot adéquat ; la gestuelle a valeur d'intermédiaire entre les corps en présence, apprivoisant l'espace qui les sépare et les relie, etc.

Puisque « *l'élément intermédiaire sépare de l'identique et rapproche du différent* » (Kaës, 1985, p. 92), il a une valeur potentiellement individuante et donc hautement thérapeutique.

Ajoutons que la mise en expression communicationnelle, avec ce que l'implication émotionnelle qui la nourrit entraîne d'activation sensorielle et d'animation mentale, vient stimuler ce qui fait lien entre ces deux derniers domaines. Elle vient réveiller les prémisses de la mentalisation quand celle-ci n'a pu s'épanouir suffisamment, relançant ainsi le processus de structuration.

L'intermédiaire est donc une notion riche qui condense plusieurs sens. Sans viser l'exhaustivité, je retiens surtout les significations suivantes :

— l'instance intermédiaire, à l'intérieur de l'individu, entre le monde non conscient et la vie consciente;

— les étapes intermédiaires qui mènent du fonctionnement archaïque, à dominante émotionnelle, au régime symbolique dans lequel la pensée représentative et le langage intègrent et subjuguent la vie émotionnelle;

— l'émotion comme vécu intermédiaire entre la vie corporelle-pulsionnelle et le fonctionnement psychique, entre l'action et la mentalisation;

— l'espace intermédiaire entre moi et ce qui n'est pas moi, entre l'interne et l'externe, avec une attention toute particulière pour la zone relationnelle de l'entre-deux;

— dans la relation thérapeutique, nous verrons plus loin que j'attribue au sentiment de tendresse une fonction intermédiaire reliant intimement les deux personnes en présence et transformant leur lien en alliance (chapitre 11). Chez le psychothérapeute, la tendresse sera parfois le sentiment dominant et stabilisé de sa relation au patient, ce sentiment n'excluant pas ponctuellement un vécu émotionnel de colère, de tristesse ou de joie. Chez le patient, les affects seront plus brouillons, plus confus, notamment dans les premiers mois du travail. Il aura souvent à vivre, exprimer et élaborer les affects de la polarité primordiale : l'amour et la haine. C'est après avoir effectué ce travail long et délicat et apprivoisé les différentes émotions, avec leur cortège de pensées et de fantasmes, qu'il pourra également, comme le psychothérapeute mais singulièrement, stabiliser ses affects et vivre la dominante tendre du lien.

La tendresse a une double portée : le respect sensible qui la compose maintient la distance entre les êtres en mettant chacun à l'abri des empiètements de l'autre, et parallèlement, par la chaleur et la douceur poétique qu'elle véhicule, elle fait de leur rencontre une aventure humaine pleine et nourrissante. En affinité éthique avec le respect, elle permet tout à la fois de regarder à distance et de toucher du cœur les personnes que nous rencontrons.

A chacun de ses niveaux, la réalité se trouve autant dans le lien que dans la distinction. La pratique intermédiaire décrite est donc aussi une pratique *de* l'intermédiaire, influençant spécifiquement ce qui relie, ce qui fait transition. Je préciserai dans le chapitre 9 comment le *nous* utilise, interprète et rend efficace cette zone transitionnelle entre patient et soignant.

Mais auparavant, il *nous* faut mieux cadrer la spécificité de l'alliance thérapeutique en lui donnant une première assise philosophique.

III
La distance intime

8
Éthique du lien

L'accès au noyau intime du sujet, à son être, nécessite une démarche *interactive*. Celle-ci s'avère extrêmement dépendante des caractéristiques de la communication entre le sujet en psychothérapie et son accompagnateur. C'est pourquoi les enjeux relationnels doivent être pensés.

L'étude du lien interhumain se développe véritablement en philosophie avec Husserl, Buber puis Misrahi. Elle devient prégnante en psychologie clinique avec Rogers et Pagès. Je les citerai peu mais leurs travaux m'ont beaucoup appris et bien des fois m'ont servi d'étayage, tant personnel que professionnel. Le monde phénoménologique qu'ils ont commencé à décrire concerne souvent le sens qui transparaît à l'intersection des expériences de chacun et de celles d'autrui, par l'engrenage des unes sur les autres. Il est donc inséparable de la subjectivité et de l'intersubjectivité qui permettent l'une la reprise des expériences passées dans le vécu présent, et l'autre la reprise de l'expérience d'autrui dans celle du sujet. Nous allons suivre un raisonnement progressif nous permettant de saisir plus justement les conditions d'une relation dense, non possessive et thérapeutique.

L'expressivité

La phénoménologie de Husserl cherche à saisir la richesse du monde. Le fait que la conscience soit toujours *conscience de quelque chose*, comme elle l'affirme fondamentalement, n'est pas simple évidence ni postulat formel. C'est la base de l'intentionnalité, c'est-à-dire de la visée délibérée de l'individu et de son ouverture au monde. Ce principe concret et réel fait de la phénoménologie avant tout une méthode, c'est-à-dire une philosophie qui se pratique. Centrée sur l'étude des expériences de la conscience et sur le retour aux choses elles-mêmes, elle cherche à se débarrasser des faux problèmes et des préjugés pour restituer ce monde que la philosophie tendait parfois à oublier.

Les explications de la réalité ne peuvent se confondre avec la réalité et la trame de la vie quotidienne reste bien le présent vivant. La conscience n'est pas un récipient, un contenant, mais un phare qui illumine, c'est-à-dire une vision, perceptive ou spirituelle.

Il n'y a pas de coupure mais des liaisons entre la perception, l'expression et la pensée. Mon corps n'est pas le corps que j'ai ou que je possède mais *le corps que je suis*. La structure dynamique de la conscience est donc liée aussi à la vie corporelle. Autrement dit, il n'y a pas de pensée pure, le sujet pensant étant fondé sur le sujet incarné, et le *je suis* excède et inclut le *je pense*. Même si le langage actualise et complexifie le pouvoir expressif du corps, celui-ci reste la base des développements discursifs. Cette reconnaissance du corps expressif et sensible nous mène à penser la vie expressive de manière relativement affranchie de l'impérialisme du signe linguistique.

Le corps est le sol originaire et privilégié de toute expressivité qui elle-même fonde à la fois la parole comme expression verbale et la langue comme signification intellectuelle. L'expressivité est, dans la nature et par conséquent au niveau des corps qui la singularisent, ce qui fonde, prépare et annonce le langage qui lui-même, quand il n'est pas trop abstrait et désincarné, peut à son tour restituer l'épaisseur du monde naturel.

Mais il faut aller plus loin car l'expressivité ne peut se suffire à elle-même dans la mesure où elle a besoin de la signification fournie par le langage pour avoir un sens au-delà de la présence émouvante du sujet et de la nature qu'il incarne. C'est pourquoi l'expression s'accole avec l'intention de signifier, elle relève d'un projet communicationnel vis-à-vis d'autrui et du monde. La dimension énergétique qui sous-tend le sensible est enrichie par l'intelligible. Effectuer la phénoménologie de l'expressivité humaine consiste alors à étudier les conditions de l'intentionnalité qui la motive. Et cette intentionnalité est fortement associée à la rencontre inter-humaine que nous allons maintenant étudier.

Autrui et le lien

Posons le problème crucial de la constitution de l'autre en moi. Nous le ferons dans une perspective qui réfute le solipsisme, c'est-à-dire qui refuse cette attitude doctrinale qui réduit les autres à la représentation que j'en ai, au lieu de percevoir et penser qu'ils sont autres que moi. Au contraire, nous aidant de la cinquième méditation de Husserl (1929), nous allons évoluer du solipsisme à la communauté, communauté dans laquelle l'égalisation des points de vue et la réciprocité font de chacun un autre parmi les autres.

Commençons par l'essentiel : autrui est à l'instar de moi et je suis comme lui. Il *m'apparaît*, c'est-à-dire qu'il apparaît à ma conscience, permettant que s'élabore le sens de l'altérité, de la différence, et il se constitue en moi. Car bien qu'il soit comme moi, autrui est pourtant différent. Il est comme moi mais autre que moi. Et cet autre moi a aussi son monde, sa sphère d'appartenance. Il n'y a ainsi ni solipsisme (il existe dans le monde d'autres êtres réels, je ne suis pas la seule réalité existante), ni fusion (ces autres êtres sont séparés de moi), mais *communication* entre les êtres.

La conscience individuelle n'est pas insulaire mais elle ne peut non plus coïncider avec une autre. Pour pouvoir à la fois évoquer l'altérité d'autrui et sa présence en moi, Husserl postule la saisie analogisante d'autrui : autrui est là-bas et puisque je ne peux vivre son vécu, je le saisis par analogie avec moi et avec mon vécu. Par analogie et non par confusion. De plus, il se présente non seulement *à* moi mais *en* moi, et cette présentation signale un vécu autre que mon vécu propre. Un vécu qui est *comme* le mien, par appariement entre mon corps ici et l'autre corps là-bas, mais simultanément différencié du mien. Cette configuration en couple correspond à l'analogie entre le vécu d'autrui et le mien. Cette *saisie analogisante de l'autre comme un autre moi* constitue le cœur de la rencontre. Nous comprenons ainsi que les similitudes charnelles d'ego et d'alter ego (de moi et de l'autre) favorisent leur configuration en couple et permettent la transposition de l'un à l'autre du sens de leur appartenance au monde.

Pour vaincre le solipsisme, il nous a donc fallu constituer l'autre comme étranger *dans* notre propre expérience. Le vécu d'autrui se trouve saisi par analogie et différence avec le mien. Ce qui m'apparaît est alors la reconnaissance de l'étrangeté, de l'existence autre. La phénoménologie husserlienne situe chacun dans un champ de personnes, champ basé à la fois sur la reconnaissance des similitudes et sur l'altérité mutuelle.

Comme dans l'échange psychothérapeutique, cette intersubjectivité porte autant sur l'étranger que sur le semblable. Il y a coprésence sur fond de monde commun, monde qui lie les sujets incarnés. S'ajoute aussi la constitution d'un monde culturel commun dont les différents objets créent la communauté humaine tout en lui appartenant. Cette communauté est basée sur *l'égalisation, la séparation et la réciprocité*[1].

Bien que les éléments qui précèdent soient inspirés des descriptions de Husserl, je vais préciser un point crucial qui crée comme une rupture entre la théorie phénoménologique de cet auteur et ce que je souhaite exposer. Cela concerne le rationalisme de Husserl. Même s'il décrit un sujet moins impersonnel que celui dont traitent Descartes et Kant, il n'expose pas pour autant une relation vivante à autrui, une rencontre vive et animée comme celle sur laquelle j'insiste ; il développe plutôt une phénoménologie de la raison, en fait la perception rationnelle d'autrui. Ce que je ne peux soutenir

1. Une remarque encore : comme le temps, l'alter ego se constitue en moi mais n'est pas constitué par moi. Ce sont là deux des limites d'une philosophie de la subjectivité. Il pourrait d'ailleurs y avoir analogie entre ces deux expériences, l'ouverture au temps et l'ouverture à l'autre.

car sa recherche d'une conscience pure de l'ego pensant risque de nous éloigner d'une part importante du fonctionnement humain et interhumain. Est-ce que la véritable révélation d'autrui, la saisie profonde de son existence incarnée et réfléchie, ne devrait pas passer au contraire par la prise en considération de la vie affective, de l'émotionnalité qui profondément unit les hommes tout en les différenciant ? C'est une lacune de l'édifice philosophique de Husserl que de ne pas le faire. S'il y a du représentatif dans l'affect, la vie sentimentale et émotionnelle ne se réduit pas à du représentable.

Nous ne pouvons confondre les manifestations de la raison avec l'échange, même réfléchi, et encore moins avec le travail psychothérapeutique. Selon moi, c'est l'échange réflexif *et* affectif qui vitalise la reconnaissance et la rencontre, qui rend constructifs et créatifs l'individu et le groupe de pairs auquel il appartient et participe, y compris dans le cadre de la psychothérapie.

Je vais développer ce point.

Relations d'objet et relations entre des sujets

Rencontrer autrui exige une double opération : le situer dans le monde extérieur, c'est-à-dire le percevoir distinct de moi, et le penser comme sujet semblable à moi. Puisque mon psychisme est aussi un corps, je peux supposer que les autres corps sont aussi des psychismes. Il ne s'agit pas, ou pas seulement, du corps physiologique car la signification et l'intentionnalité ne sauraient être attribuées à des amas de cellules mais du corps habité par une conscience. La vie relationnelle et sociale nécessite cette reconnaissance de soi et d'autrui à la fois comme psychisme et comme corps. En fait, corps et psychisme sont un seul et même être et si je semble les distinguer pour les besoins de l'exposé, n'oublions pas que cette distinction est factice.

La coexistence étant une expérience vécue par chacun, nous pouvons affirmer une thèse fondamentale qui est celle de l'*équivalence de soi et d'autrui*. Aucun critère interne ou externe ne vient modifier cette égalité entre les êtres. Une des conséquences majeures de cette thèse est que la liberté de chacun exige la reconnaissance d'une liberté identique pour autrui. Ce point pour être vraiment intégré et appliqué exige un travail psychique intense et répété qui est une condition indispensable à la construction d'une relation ouverte et thérapeutique.

Prenons l'exemple du monde : il n'est bien évidemment pas réductible à ce que j'en pense, il est surtout ce que je vis ; j'y suis ouvert, je communique avec lui mais je ne le possède pas. De même pour le monde de la relation : la subjectivité se découvre comme une intersubjectivité qui devrait exclure la possession. La surface de séparation entre moi et autrui est aussi une surface d'union, elle constitue la charnière et la membrure de la vie relationnelle : « *Je suis un champ intersubjectif, non pas en dépit de mon corps et de ma situation historique, mais au contraire en étant ce corps et cette situation* » (Merleau-Ponty, *Phénoménologie de la perception*, 1945, Gallimard, p. 515).

En clinique humaine, nous sommes souvent situés dans des zones intermédiaires entre le patient et le soignant. Il est même fréquemment question de traiter prioritairement et focalement ce qui se trouve en jeu dans la zone de leur entre-deux. Il s'agit par exemple d'affronter ce qui se vit dans leur intercorporéité et leurs élans affectifs mutuels en deçà ou au-delà de l'échange langagier.

Une des différences entre ma position et la doctrine freudienne se trouve dans le fait que pour moi le corps est *aussi* un corps libidinal, un corps désirant, alors que pour Freud le corps est *avant tout* corps libidinal. Le monde sexuel est en fait fondu dans l'ensemble du monde corporel et relationnel, il n'en est pas la clef mais un des modes d'approche. Ces conceptions différentes de la vie corporelle et relationnelle génèrent des pratiques et des stratégies thérapeutiques elles aussi différentes.

Le projet thérapeutique consiste bien souvent à se détourner de la solitude figée et du monde chosifié pour s'orienter vers la rencontre vitalisante. Dans ce but, nous avons vu qu'il est souhaitable de ne pas frustrer inutilement le patient, notamment ses attentes vis-à-vis du psychothérapeute. Usant de tact relationnel tout en osant l'innovation, le psychothérapeute cherche à sentir comment communiquer avec son patient, à établir une atmosphère psychologique adéquate. Proposant un cadre qui ne vienne pas répéter les situations traumatiques infantiles, il vise l'économie de souffrances inutiles que l'objectivation réfrigérante peut générer. Il rend perceptible au patient une attitude activement bienveillante.

Créer une atmosphère sécurisante mettant le patient en confiance permet à celui-ci de revivre les émotions relatives aux situations infantiles et actuelles non réglées. Ce sont les blessures enkystées ou suppurantes dont le psychothérapeute a souvent à s'occuper chez l'adulte. Citons Ferenczi : « *S'il arrive même à l'occasion, comme c'est le cas pour moi, que de vivre la souffrance de l'autre et la sienne propre vous arrache une larme (et on ne doit pas cacher cette émotion au patient), alors ces larmes du médecin et du patient se mêlent en une* **solidarité** *sublimée qui ne trouve peut-être son analogie que dans la relation mère-enfant. Et c'est cela, l'agent curatif qui relie durablement, cimente en quelque sorte, les fragments intellectuellement collectés, en entoure même la personnalité ainsi réparée d'une aire de plaisir de vivre et d'optimisme nouveaux* » (*Journal Clinique*, p. 117, c'est moi qui souligne). Après cet auteur, je mets donc l'ouverture émotionnelle et l'honnêteté relationnelle au premier rang des valeurs thérapeutiques et je fais porter l'accent sur la solidarité vécue.

Mon insistance à promouvoir une relation thérapeutique affective et bien mentalisée se différencie de la neutralité classiquement mise en jeu dans la situation analytique. Contrairement à Freud qui conseillait à Jung de développer « *une peau épaisse* » (lettres de juin 1909) pour se protéger contre un comportement contre-transférentiel, je cherche à réduire la cuirasse qui parfois me sépare de mes patients. Et si ces deux tendances opposées d'implication et de distanciation créent, il est vrai, une tension, notons que celle-ci n'est pas à éviter et apparaît même utile dans la relation d'aide, sa gestion adéquate conduisant à un bénéfice thérapeutique optimal.

Si la relation véritable implique que chacun aime l'autre *en tant que ce qu'il est*, selon l'expression de Ricœur, alors le chemin qui y mène sera probablement long mais n'est-il pas le but même de la psychothérapie ? La formule *en tant que* est constitutive de la mutualité et nécessite que chacun effectue un important travail de clarification vis-à-vis de ses attentes et de ses projections. Le psychothérapeute suivra ce chemin avec plus de promptitude que le patient mais quand celui-ci aura atteint ce stade où, percevant le psychothérapeute non plus comme personnage parental ou comme dépositaire de telles ou telles parties de lui-même mais comme personne égale et singulière, différente de ce que le patient souhaitait névrotiquement qu'elle soit, bref quand ils entrent enfin dans la mutualité véritable, n'atteignent-ils pas du même coup l'issue de leur lien spécifique ? La mission semble en effet accomplie et les deux personnes admettant leur égalité peuvent alors se séparer.

Par choc en retour de la *sollicitude affectueuse* et de la *réflexion secondarisée* du psychothérapeute, le patient se perçoit lui-même comme autre parmi les autres et, s'assumant comme agent responsable, il peut s'en aller. Il n'y a bien sûr pas de voie méthodologique valable pour tous, la clinique quotidienne le montre suffisamment, mais le fait qu'il n'y ait que des itinéraires singuliers n'empêche pas de déceler et de décrire, comme ci-dessus, un canevas général valant comme structure de pensée, structure suffisamment souple pour faire place aux créations individualisées.

Avant de continuer à décrire l'alliance thérapeutique telle que je la conçois, il nous faut préciser l'importante différence existant entre la relation d'objet conceptualisée en psychanalyse et la relation intersubjective. Nous comprendrons rapidement qu'il ne s'agit pas d'intervenir uniquement sur la première, comme tentent de le faire les psychanalystes, ni uniquement sur la seconde, comme c'est parfois le cas dans les psychothérapies activatrices, mais de travailler à ces deux niveaux sans les confondre, de les distinguer sans les disjoindre.

Traitons donc de la relation d'objet en psychanalyse. J'ai souvent constaté dans les écrits psychanalytiques mais aussi dans mes contacts avec mes collègues un flou conceptuel concernant cette notion d'objet. Pendant les colloques ou lors de groupes de discussion ou de supervision auxquels j'ai participé, il n'est pas rare que soit objectivé le patient lui-même et qu'il soit question de relations d'objet à propos de ses relations affectives ou encore de son rapport à l'analyste.

Dans ces situations, il est donc question d'objet à propos d'un sujet et de ses relations intersubjectives, ce qui est inadéquat. La différence, pourtant essentielle, ne semble pas prise en considération et le flou théorique se double gravement d'une incertitude empirique. Il me semble opportun ici de clarifier quelle devrait être la place de ces deux notions : l'objet et le sujet. Sans pétrifier ces concepts, précisons leur portée.

La relation d'objet désigne en psychanalyse le mode de relation du sujet avec son monde sans que soit généralement précisé s'il s'agit spécifiquement du monde interne, du monde externe ou des deux. Freud n'emploie d'ailleurs presque jamais cette formule dont la place serait à situer parmi de nombreux autres thèmes tels que la pulsion (dont l'objet est un élément constitutif), la fixation, le choix amoureux, la perte ou les avatars du narcissisme. En fait la difficulté de définir l'objet en psychanalyse semble liée à la difficulté de définir l'objet de cette discipline.

Même Balint, qui a pourtant critiqué l'écart existant en psychanalyse entre une technique fondée sur la communication et une théorie qui se réfère à l'individu seul, emploie le concept de relation d'objet à propos de la vie intersubjective, réduisant souvent le partenaire communicationnel à la représentation qu'en a le sujet. Un autre auteur qui a lui aussi tenté de faire évoluer la prise en considération de l'interrelation dans la cure, André Green, maintient également la confusion en évoquant *les sentiments de l'objet pour le sujet* (préface à Brusset, 1988, p. V), ce qui ne manque pas de paraître contradictoire ou incohérent : comment un objet pourrait-il être doué de sentiments ?

De même, parler d'amour objectal est une incongruité. Il ne peut y avoir amour qu'entre deux sujets sinon il ne s'agit pas d'amour mais au mieux de possessivité. Seul l'exemple de la perversion sexuelle autoriserait cette expression car autrui n'y est pas considéré comme un sujet mais bien comme un objet de satisfaction et uniquement comme cela ; cependant, c'est le terme *amour* qui cette fois ne pourrait être utilisé.

En fait, l'objet n'est pas une entité indépendante du sujet, il n'est envisageable qu'en tant qu'il apparaît au sujet qui le pense. C'est pourquoi je propose la distinction suivante : l'objet ne peut pas être assimilé à une personne extérieure, il n'en est pas la correspondance directe mais une représentation mentale subjective. *Les relations d'objet sont donc des contenus mais aussi des éléments organisateurs du monde interne.* Ainsi, parler de relation d'objet ne doit concerner que l'univers mental du sujet.

Quant aux relations intersubjectives, elles correspondent aux interactions entre deux personnes différentes, réelles et séparées. Qu'il y ait des rapports d'influence entre ces deux niveaux, c'est l'évidence, mais pour la clarté des exposés, des discussions et surtout pour éviter la dérive chosifiante, il devient impératif de commencer par différencier ces deux notions complémentaires.

Ajoutons qu'il est préférable de définir les notions de sujet et d'objet non pas par leurs frontières qui parfois sont floues, puisque concernant les limites psychiques entre le dedans et le dehors, limites qui pour certains sujets comme Julien ou Blandine ne sont pas clairement acquises, mais par leurs noyaux qui eux sont nettement distincts.

Revenons maintenant aux relations entre sujets.

Les limites de la verbalisation et la force inerte du non-remémorable m'ont conduit à vouloir faire varier les conditions de la rencontre thérapeutique. Mais d'autres auteurs, autant chercheurs que psychothérapeutes, avaient auparavant donné plus de poids au travail de l'intersubjectivité, notamment Reich, Ferenczi, Rogers et Pagès. Très positivement influencé par leurs travaux, je m'en suis toutefois écarté sur plusieurs points que je vais très rapidement préciser.

W. REICH s'est écarté de la psychanalyse freudienne en inscrivant avec force, au sein même de la démarche thérapeutique, le rôle du corps et des manifestations somatiques. Il montra en effet qu'à l'ensemble des mécanismes de défense qui composent la structure caractérielle correspond une cuirasse musculaire : la répression émotionnelle et pulsionnelle n'est plus l'apanage du seul psychisme mais s'effectue également par la contraction chronique de zones musculaires spécifiques. L'approche psychothérapeutique s'en trouve modifiée puisque élargie aux systèmes musculaires et au fonctionnement neurovégétatif, à l'aide de massages des zones corporelles concernées. Cet abord ne remplace pas le travail analytique traditionnel mais s'y ajoute et l'intègre.

Comme Ferenczi, Reich fut un clinicien novateur et très impliqué mais il s'aventura à masser les zones musculaires nouées de ses patients, ce qui le mit bien sûr en forte rupture vis-à-vis de ses collègues psychanalystes. La thérapeutique reichienne apparaît alors tout aussi active et corporelle que psychologique et verbale : « *La vie s'exprime par des mouvements, par des mouvements expressifs* », écrit-il (*L'analyse caractérielle*, p. 303). Cette expressivité vitale pourrait s'étendre jusqu'au langage verbal mais, du fait qu'elle transcende le langage, qu'elle agit avant et au-delà de toute expression verbale, la vie possède ses propres formes d'expression qui ne peuvent être rendues par des mots, comme en témoigne l'émotion artistique par exemple. « *En faisant parler le patient, on se rend compte que les mots le détournent de ses problèmes, qu'ils les estompent d'une manière ou d'une autre. Pour en apprécier la teneur, il faut inviter le malade à se taire, au moins pendant quelque temps* » (p. 304). Ainsi, le langage verbal peut-il faire office de système défensif, d'où l'opposition vigoureuse de Reich à son impérialisme dans le champ psychanalytique.

Toutefois, je suis persuadé que si le concept d'expression corporelle dérobe au langage le privilège du sens, il n'enlève pas pour autant la nécessité du recours au discours pour « lire » la cuirasse musculaire et inscrire celle-ci dans un code organisateur. J'ai surtout retenu de Reich l'intérêt, pour la compréhension clinique et la stratégie thérapeutique, de prendre en considération le corps et ses tensions. Mais il est rare que je masse mes patients. Certes, je les touche parfois, notamment lors d'expressions émotionnelles, mais il s'agit plus d'un contact de soutien et de stimulation pour qu'ils continuent que d'un toucher « savant » qui serait destiné à détendre ou dissoudre des nœuds musculaires que j'estimerais directement associés à telle ou telle émotion, tel ou tel conflit psychique. Il m'arrive de toucher des zones corporelles que je trouve tendues ou d'une coloration singulière, plus rouge ou plus blanche que le reste du corps, mais sans disposer d'une technique de massage précise, issue par exemple de la kinésithérapie ou de la relaxation.

Je considère cet agir du thérapeute comme une marque d'intérêt et un signe d'accompagnement mais aussi comme un début d'interprétation, que je formulerais simplement comme suit : « Ici, il me semble qu'il se passe quelque chose et je vous le communique corporellement, en touchant cet endroit. » Généralement, il s'agit d'un contact simple et doux, parfois j'exerce une pression sensible sur la zone concernée. Cette démarche est certainement moins technicienne que celle de Reich.

FERENCZI m'a beaucoup intéressé par sa capacité à rechercher tout au long de son œuvre l'amélioration de son approche dans une visée clairement curative. Toute approche psychothérapeutique doit donner des preuves empiriques de ce qu'elle énonce théoriquement, une de ces preuves étant l'amélioration du patient. Ferenczi fut le premier à mettre l'analyste au centre même de sa réflexion et peut-être de sa pratique. Nous savons qu'il le faisait selon une polarité « mère indulgente/père sévère » puisqu'il considérait que tout transfert se rapportait en dernière analyse à cette alternative.

Je me sens en bonne résonance intellectuelle avec l'auteur Ferenczi parce qu'il cherchait activement et créativement à mieux aider ses patients et parce qu'il avait saisi la portée paradoxale et désorientante de cette attitude qui consiste pour l'analyste à se vouloir absent dans la présence. Il refusait de rigidifier la pratique, comparable en cela à Freud qui lui écrivit un jour : « *Les analystes n'ont pas compris l'élasticité des règles que j'ai établies et ils en ont fait des "tabous".* » Ferenczi indique fort justement que l'attitude de l'analyste, dont la passivité n'est pas justifiée, doit varier avec le contexte de la cure. Mais il me semble que cet auteur ne proposait d'aménagements de la relation et du dispositif que si apparaissait un blocage dans la cure, ce qui justifiait ses efforts à la limite de la dissidence (au regard de la psychanalyse telle qu'elle est habituellement comprise). Je propose également des variations du dispositif et de la relation mais parce que cela me semble ou semble au patient adéquat pour lui et pour son évolution, sans pour autant que nous soyons nécessairement dans une impasse thérapeutique. De plus, comme je l'ai indiqué et bien que reconnaissant la très grande importance du transfert, je n'y réduis pas la relation patientpsychothérapeute qui reste avant tout une intersubjectivité humaine qui se situe à la fois en deçà et au-delà des phénomènes repérés par la psychanalyse.

Les ouvrages de ROGERS m'ont marqué par le refus résolu de chosification du patient qu'ils révèlent. Il se met directement en rapport avec son client qui cesse ainsi d'être observé, objectivé et finalement manipulé. Par contre sa *considération positive inconditionnelle* semble mythique et guère compatible avec le principe d'authenticité (de « congruence »). Le lien non ambigu avec autrui, qu'il décrète et soutient, ne me semble pas correspondre à la réalité humaine et interhumaine, fortement marquée d'ambivalence. Je crois au contraire que le lien mutuel et authentique non seulement n'exclut pas l'ambivalence mais doit l'intégrer et l'assumer pour éviter qu'elle ne le contamine négativement par méconnaissance. J'ajouterais également que la non-directivité, si on l'applique strictement, enlève beaucoup de l'intérêt thérapeutique de la rencontre au sein de laquelle, dans ces conditions, il ne se passe parfois pas grand-chose.

Rogers, rappelant son attitude positive envers l'homme, précise lucidement : « *Ce point de vue est si étranger à notre civilisation actuelle que je ne m'attends pas à ce qu'il soit accepté [...]. La religion, en particulier la tradition chrétienne protestante, a imprégné notre civilisation du concept que l'homme est fondamentalement pécheur [...]. En psychologie, Freud et ses successeurs ont démontré par des arguments convaincants que le "ça", la nature fondamentale et inconsciente de l'homme, est constitué premièrement par des instincts qui, s'il leur était permis de s'exprimer, aboutiraient à l'inceste, au meurtre et à d'autres crimes. Tout le problème de la thérapie tel qu'ils le voient est de maintenir ces forces sauvages sous contrôle d'une manière saine et constructive plutôt que par les méthodes coûteuses des névrosés. Mais le fait que l'homme est au fond irrationnel, asocial, destructeur des autres et de soi-même — cette idée est acceptée presque sans discussion* » (p. 74). Comme Rogers, je discute cette idée car l'être humain est finalement à percevoir ni comme fondamentalement hostile et destructeur, ni non plus comme un être parfait, toujours disposé à dispenser paix et amour autour de lui. Une chose toutefois est certaine : si je considère l'autre personne comme un être déterminé, diagnostiqué, déjà modelé par son histoire, alors mon attitude risque seulement de confirmer cette conception enfermante. Si, au contraire, je l'envisage comme une conscience en devenir, je vais plus probablement l'aider à découvrir et à développer ses potentialités. La capacité personnelle et existentielle de l'homme à s'organiser, se construire, est à rappeler. Il n'est pas un être prisonnier de son passé mais *une personne en voie d'auto-création*.

C'est pourquoi nous avons à découvrir avec chacun la bonne distance interactive, celle qui permet et la séparation véritable et la relation vraie. Cette modalité thérapeutique de la relation est avant tout un contact de personne à personne, ce que Rogers a bien valorisé, dans une relation d'égalité où l'on ne trouve pas un sujet réduit à une position basse et un autre sujet disposant d'un haut statut, possédant seul le savoir et le pouvoir.

De tous ces auteurs, c'est incontestablement Max PAGÈS qui m'a le plus influencé. Il prône et exploite le décloisonnement, d'une part entre diverses doctrines (celles de Marx, Freud et Reich notamment) et diverses méthodes (la psychanalyse, la psychosociologie, la phénoménologie, la bioénergie...), et d'autre part le décloisonnement entre le monde professionnel et la sphère privée (il en donnera un bel exemple dans *Le travail amoureux*, 1977).

Dans *La vie affective des groupes* (1968), il perçoit que la psychanalyse méconnaît le niveau existentiel de la relation comme niveau premier et directeur de la conduite. Réhabilitant la relation comme sentiment vécu de l'autre, il postule que toujours et d'emblée, la relation humaine est affective et que cette liaison affective est au cœur du processus de changement. Il invite ainsi à un remaniement d'ensemble de la méthodologie du changement.

Le travail amoureux sera une application de cette méthodologie renouvelée. Je suis particulièrement intéressé par la position d'implication profonde et authentique du psychothérapeute qu'il y défend. Il la considère, et l'on comprend que mes travaux lui doivent beaucoup, comme condition de l'implication et du changement des participants : « *Mon objectif dans un séminaire est d'avoir des "contours" précis, une physionomie aussi personnelle que possible (c'est le rigoureux inverse de la neutralité psychanalytique, qui offre une surface vide aux projections), d'être situé et localisable, afin que les participants découvrent le plus vite possible où je suis et qui je suis, [...] la relation, certes personnelle, qui s'établit sur cette base, n'est point quelque résidu regrettable, quelque imperfection de la méthode, c'est la socialité naturelle, inévitable et souhaitable, qui se fonde sur la solidarité des êtres en changement* » (p. 49-50). C'est dans ce livre que Pagès développe l'idée féconde, complètement opposée à la stratégie psychanalytique, que l'on peut résumer par une formule ramassée : *le plaisir partagé est le moteur du changement.* Le plaisir serait une des premières expériences de socialité et mènerait à la découverte d'autrui par la reconnaissance mutuelle des désirs. Loin du désir freudien qui est possessif et se définit en termes de manque, l'auteur nous offre une conception positive du désir qui dès l'origine vise des expériences sociales. Dans cette conception que je défends également, le plaisir partagé, la socialité et le développement s'impliquent mutuellement.

Je suis également très proche de la présentation qu'il fait de sa pratique dans *Trace ou sens* (1986), ouvrage dans lequel est travaillée l'articulation entre les temps de travail émotionnel et l'exploration psychanalytique. Se trouve développée l'hypothèse d'une continuité entre la communication émotionnelle et la capacité de symbolisation.

Son ouvrage *Psychothérapie et complexité* (1993) expose avec force l'articulation féconde des méthodes et des niveaux d'approche de l'être (émotionnel, relationnel, psychique, sociologique, phénoménologique...). Cet auteur est à mes yeux celui qui réussit le mieux aujourd'hui la théorisation complexe et ouverte des pratiques psychothérapeutiques.

S'il me fallait trouver une différence d'orientation théorique, pratique ou méthodologique avec cet auteur, il s'agirait d'une accentuation et d'une discussion des bases philosophiques de ses travaux. Contrairement à Rogers qui n'a pas explicité ses rapports avec la philosophie ou plutôt qui n'entretenait presque aucun rapport avec cette discipline, hormis quelques références timides et tardives à Kierkegaard et Buber, Pagès a le mérite de se référer plus volontiers aux développements doctrinaux d'auteurs philosophes, notamment

Heidegger. Toutefois, il ne travaille guère ces références dans ses écrits. Or, il me semble nécessaire de dialectiser davantage, comme lui-même le fait pour les travaux de Freud et de Reich, les doctrines philosophiques et les pratiques thérapeutiques. Dans cette dernière partie du livre, je commence à le faire mais cette élaboration, qui vise en fait le croisement d'analyses relevant de doctrines différentes, devra être poursuivie.

Je voudrais ainsi rappeler, pour conclure ce chapitre, que l'avenir est certainement à l'articulation des points de vue et des méthodes, à la complexité de la pensée et des pratiques. Il m'a paru valable de préciser l'influence bénéfique de certains travaux philosophiques et psychologiques contemporains. Il n'est pas proposé au psychothérapeute, dans ses études universitaires de psychologie, d'intégrer les doctrines philosophiques adaptables à son secteur et de développer une éthique. Ces disciplines restent ainsi étrangères l'une à l'autre. Et pourtant, selon la manière dont on conçoit l'existence de la personne que l'on aide, selon que l'on croit ou non le bonheur accessible, que l'on craigne ou non la fureur divine, on ne travaille pas de la même manière et les prises de position techniques résultent souvent de croyances morales, philosophiques ou religieuses qu'il importe d'expliciter. Personnellement, je l'ai dit, je n'ai pas de croyance religieuse et cherche à développer une conception de l'être basée non sur une morale formelle et abstraite mais sur une éthique existentielle concrète et positive.

L'accent mis sur le relationnel méritait un début de justification. Poursuivons notre parcours en envisageant les conditions d'une relation vive.

9
La relation vive

Je pose dans ce livre la question des aménagements du cadre et de la relation thérapeutiques. Mais les modifications concrètes et techniques résultent d'interrogations plus profondes sur le fonctionnement interne du psychothérapeute, l'utilisation de son contre-transfert, son ouverture relationnelle et plus largement sur ses conceptions éthiques.

Dans sa tentative de compréhension et de mise en œuvre d'un rapport de sollicitude, le psychothérapeute prête assistance mais aussi, et parallèlement, il pense les modalités du lien et leurs enjeux. Nous allons avancer dans cette réflexion.

Présence, égalité et responsabilité

Trois dimensions me semblent essentielles à la définition d'une relation vive[2] véritablement thérapeutique : la présence implicante, l'égalité ontologique des partenaires et la responsabilisation de chacun. Cette relation ne sera pas seulement dialogue au sens commun, ou communication au

---

2. J'emprunte cette belle formule à Robert Misrahi qui l'utilise dans le cadre de sa réflexion philosophique sur les conditions de la relation joyeuse et réciproque (notamment 1983 et 1992).

sens technique, mais *manière substantielle d'être ensemble et recherche constructive d'un sens partagé.* Aux antipodes de l'apparaître et du fallacieux, cette manière d'être le plus près possible de soi en présence de l'autre peut s'épanouir en véritable rencontre, authentique et féconde.

L'équivalence entre les êtres nécessite que le psychothérapeute saisisse le patient comme un sujet égal à lui, comme une personne responsable, et non comme un être déterminé, inconscient de ce qui l'anime ou l'inhibe. Bien évidemment, par formation et par expérience, le psychothérapeute aura rapidement des intuitions concernant la cause des angoisses ou des peurs de son patient. Mais il est important qu'il ne confonde pas ces intuitions, même justes, avec la vérité profonde de son interlocuteur, qu'il ne le réduise pas à ce qu'il en pense. La mutualité vraie et vivante exclut cette réduction. Je ne préconise pas du tout un abandon des références théoriques mais je pense que les facteurs curatifs ne résulteront pas des choix doctrinaux du psychothérapeute.

Cette mise au second plan des théories psychologiques ne se fera pas une fois pour toutes mais s'effectuera, spontanément ou volontairement, à chaque séance, c'est-à-dire à chaque rencontre. La décision de vraiment rencontrer une personne est à renouveler chaque fois que l'on rencontre cette personne.

Cette égalité dans la rencontre et dans l'implication qu'elle nécessite ne sera pas confondue avec une symétrie totale des deux partenaires. L'égalité ontologique qui concerne l'égalisation des droits et de la valeur de base de chaque être, se différencie d'une similitude, qui serait imaginaire, des fonctions de chacun. La portée symbolique de la différenciation des statuts entraîne une inévitable dissymétrie dans les rapports entre soignant et soigné. Le sujet en psychothérapie a besoin que son psychothérapeute reste à bonne distance relationnelle et sociale pour pouvoir mieux l'intégrer comme figure stable et solide. C'est en fait la *juste articulation entre implication et distanciation, entre réciprocité et asymétrie* qui favorisera positivement le processus évolutif.

La présence pleine de chacun, qui nécessite une disponibilité à l'intimité d'autrui, peut s'épanouir dans ce cadre d'homologie relationnelle. Elle est intériorité vécue et dépassement de l'isolement. Elle est aussi respect des différences et refus d'invasion.

Chez l'homme moderne, la fonction professionnelle et la vie sentimentale se développent généralement de manière séparée, la première prenant souvent le pas sur la seconde. Et surtout les deux domaines restent clairement délimités : la vie professionnelle et institutionnelle serait le dehors mondanisé de l'existence alors que la vie sentimentale serait de l'ordre du dedans et du privé. Là seulement, il serait justifié d'exprimer ses sentiments et de vivre ses émotions. On pourrait s'étonner du caractère caricatural, parfois à la limite du pathologique, de ce clivage : il y aurait un endroit et un temps pour travailler, un autre lieu et un autre temps pour vivre ! Dans la fonction de psychothérapeute (et aussi probablement dans le domaine artistique), ce clivage me semble particulièrement fausser l'exercice de la profession. Il est question essentiellement dans cette activité professionnelle de travailler le monde interhumain, d'aider autrui à mieux vivre avec lui-même et avec son entourage. Comment est-ce possible si l'on exclut *a priori* toute implication sentimentale, toute expression affective ? Le psychothérapeute n'est réellement utile que dans la mesure où il participe à la réalité, et si l'on tronque celle-ci de ce qui constitue l'essentiel du lien, à quoi sert la rencontre ?

La participation pleine des deux partenaires me semble de plus en plus indispensable, d'autant plus que le sens recherché par le psychothérapeute (au moins par lui) ne va pas apparaître seulement chez le psychothérapeute ou seulement chez le patient mais dans leur rencontre, dans leur entre-deux corporel et psychique. C'est l'authenticité de la coprésence qui importe en premier. Si le psychothérapeute se cache ou fuit la rencontre, alors le patient qui souvent arrive déboussolé et perdu, va, et cela est logique, avoir beaucoup de difficultés à s'ouvrir à sa vérité et au partage véritable. C'est non par l'enseignement, ce que vise l'interprétation, mais par la rencontre que le patient accédera à la connaissance de ses virtualités et de ses résistances, qu'il saisira de l'intérieur, en le vivant dans la communication créative, comment ce qui *est* pourrait *devenir*.

Quant à la responsabilité, son principe essentiel est le suivant : chacun est responsable de lui-même. Il s'agit bien sûr d'un lieu commun mais il est tellement vrai que je préfère le rappeler. Chaque sujet est responsable pleinement de ce qu'il est, de ce qu'il fait, de ce qu'il décide de ne pas faire et de son parcours existentiel. J'ajoute que chacun est responsable aussi des couples qu'il forme : couple amoureux, lien amical ou dyade thérapeutique. Dans celle-ci, le psychothérapeute et le patient sont coresponsables de ce qui s'échange et de ce qui reste caché. Il existe une sorte de responsabilité individuelle et duelle vis-à-vis du *nous* qu'ils forment et l'ampleur du changement dépendra bien souvent de la force de leur engagement respectif.

C'est à ce niveau que l'interprétation, qui donne sens aux vécus du patient, prend toute son importance. Elle donne au sujet la possibilité de progressivement s'autonomiser en comprenant par lui-même, et de se responsabiliser en parlant et en agissant en connaissance de cause.

Ces positions générales ne sont pas dénégatrices de la réalité ambivalente et complexe de l'homme. J'ai exprimé précédemment que malgré le grand intérêt des thèses rogériennes, je ne peux y adhérer pleinement du fait qu'elles n'intègrent pas l'ambivalence fondamentale entre l'amour et la haine. L'amour inconditionnel dont parle Rogers, et que vantait également le psychanalyste Nacht, ne me semble pas correspondre à la réalité humaine, aussi ne puis-je croire ce positionnement clinique vraiment possible ni véritablement curatif. Ma position diffère en ce sens que j'intègre le travail sur le parasitage et l'ambivalence.

Par exemple, la présence active n'est pas adhésion naïve à ce qu'exprime le patient. La quête de l'authenticité s'accompagne inévitablement de ratages, de lacunes ou de tromperies. Les patients se trompent eux-mêmes, c'est parfois évident, parfois ils cherchent aussi à manipuler le psychothérapeute par la séduction ou l'agressivité indirecte. L'écoute active de celui-ci l'amènera à ne pas accepter ces écueils mais à les exprimer, les affronter dans le présent de la rencontre. Aider quelqu'un à retrouver sa respiration, tant physique que psychique, nécessite de le pousser à aller plus loin que là où il était allé jusqu'à présent. Les visées explicites d'un psychothérapeute (honnêteté relationnelle, authenticité dans l'affrontement des problèmes) sont souvent motrices.

Je reviendrai sur ce point en traitant de la tendresse et du travail de l'ambivalence, mais indiquons maintenant une modalité spécifique d'intervention du psychothérapeute.

L'*entre-nous* : interventions spécifiques du psychothérapeute

La rencontre entre deux personnes relègue au second plan la distinction classique sujet-objet. La volonté de dépasser l'insularité des individus consiste à prendre la communication comme fait premier et à reconnaître les relations intersubjectives comme *tissu* fondamental et domaine privilégié de l'échange thérapeutique. Parce qu'un *je* strictement solitaire est impossible, c'est le couple formé par *je* et *tu* qui s'impose comme thème de notre étude. La relation déborde largement le couple sujet-objet, celui-ci ne pouvant exister que dans le rapport entre un être conscient et certaines parties de son monde interne ou entre cet être et des objets matériels ainsi que dans un mode de pensée pervers ou manipulateur.

En fait, la conscience solitaire restera somnambulique si son réveil n'est pas assuré par l'intervention d'autrui. Ainsi, le *Tu* n'est pas tant une limite qu'une source du *Je*.

De plus, la relation nécessite l'accès au *nous* qui se différencie aussi bien de la quête fusionnelle qui abolit les sujets que de la séparation absolue et forcenée qui veut oublier les similitudes. Le *nous* situe chacun en face de l'autre, à la fois lié et séparé, à la fois semblable et différent. Cette conscience de la similitude et de l'altérité est stimulée et amplifiée en psychothérapie. C'est même sur le travail des résistances à cette prise de conscience, *de part et d'autre*, que s'édifie profondément l'alliance thérapeutique. La forte coprésence des deux personnes dans l'interaction thérapeutique va rendre l'existence de chacun plus riche de sens. Puisque la solitude tue le sens, c'est par le travail de la relation que le sens peut à nouveau advenir. La rencontre thérapeutique ne peut dès lors jamais être un événement subi mais toujours un acte réfléchi, décidé et créatif. La relation est donatrice et créatrice de sens.

« *Au commencement était l'action* », risque Freud à la fin de *Totem et tabou*, « *Au commencement est la Relation* », écrit Buber dans *Je et Tu*[3]. Je ne les suis pas totalement car il me semble impossible de déterminer un commencement à l'être, mais par contre je défends passionnément l'idée que l'action et la relation, et plus encore l'action relationnelle, sont des piliers de l'itinéraire existentiel de chacun et plus particulièrement de ceux qui ont effectué le choix d'un travail thérapeutique de changement. Action et relation se trouvent dans un rapport de soutien mutuel et décisif pour l'ouverture et le déploiement de chacun.

L'intervention la plus fréquente du psychothérapeute s'adressant à ses patients intègre le *vous* ou le *tu*. Il s'agit d'interpréter, de dégager un sens, ou de soutenir une interrogation, une piste de recherche, de pointer un signe, une parole. Rappelons que l'utilisation du *tu* n'est pas à confondre avec une quelconque désinvolture ou un maladroit copinage. C'est un signe du familier, non de la familiarité. Il s'agit d'un tutoiement qui correspond au niveau ontologique de la rencontre et de l'échange, du *Tu* bubérien relatif au dialogue authentique, le moins masqué possible.

D'autres interventions du psychothérapeute intéressent spécifiquement l'univers intermédiaire. Il s'agit de l'utilisation du *nous* ainsi que des références au travail psychique qui s'effectue dans le temps transitionnel entre les séances. Expliquons cela.

A l'utilisation du *tu* et du *vous*, nous connaissons l'intérêt d'ajouter parfois une intervention à la première personne. En effet, dire *je* permet au psychothérapeute de se positionner singulièrement, posant à la fois son humanité car il n'est pas un robot interprétatif, et son altérité car il communique de sa place qui est différente de celle du patient. J'ajoute à cette palette d'interventions verbales deux modalités spécifiques :

---

3. « *Au commencement est la Relation, qui est une catégorie de l'être, une disposition d'accueil, un contenant, un moule psychique* », écrit-il dès 1923 (tr. fr. 1938, p. 51).

L'entre-séances : le psychothérapeute, à un moment opportun, peut se référer à des pensées qu'il a eues à propos de son patient en dehors des séances de psychothérapie. Par exemple, il peut exprimer : « *Hier, je pensais à vous et à ce que vous aviez dit concernant votre peur des voyages. J'ai pensé que...* » Il indique ainsi au patient que la psychothérapie est un processus temporel qui ne se réduit pas à l'addition de séances et que, en dehors de celles-ci, il est possible de continuer à être psychiquement en contact. Je ne me réfère pas à un pouvoir médiumnique mais au fait que le patient se trouve à l'intérieur du psychothérapeute comme objet psychique et que le dialogue avec cet autre à l'intérieur de soi peut s'effectuer en son absence physique. Le patient peut alors, s'il ne l'a déjà fait, prendre conscience que le psychothérapeute est également à l'intérieur de lui et que le lien psychique réciproque ne s'arrête pas lors de la séparation. Le temps de l'absence, intermédiaire entre deux présences, n'est pas un temps mort. Le psychothérapeute, en le signalant, peut aider les patients, surtout ceux qui souffrent d'une impression de perte envahissante, à vivre et consolider la permanence de leur accompagnateur en tant qu'objet psychique vivant.

Le recours au *nous* : le psychothérapeute utilise ici une formule volontairement intégrative, par exemple : « *Nous avons à mieux penser les raisons pour lesquelles tu veux arrêter de participer au groupe.* » Le psychothérapeute signale en même temps le travail psychique que chacun, et pas seulement le patient, doit séparément effectuer, et la part commune de cette élaboration. L'entre-deux psychique et relationnel prend plus de corps et de sens grâce à ce type d'intervention. C'est parfois une surprise pour le patient de prendre conscience du travail psychique que doit effectuer le psychothérapeute pour bien le comprendre. L'engagement mental de celui-ci, et les harmoniques affectives qui s'en dégagent, sont plus clairement perçus.

Du point de vue relationnel, ces interventions génèrent plus clairement une ambiance de solidarité et d'implication respective dans la bonne marche du travail. Cette solidarité vécue est enveloppante et soutenante, constructive et motrice.

Psychanalytiquement, comme l'interprétation classique, elles dégagent un sens intégrant la dynamique transférentielle et contre-transférentielle, et communiquent ce sens. L'intervention ne porte pas *sur* le contre-transfert mais s'effectue *dans* le contre-transfert. Il ne s'agit pas d'interpréter de front l'aire intermédiaire, encore que cela soit possible, mais de la signaler, de la mettre clairement à la portée du patient pour qu'il puisse la vivre et la penser.

Ainsi, le *psychothérapeute transitionnalise son expression, permettant au patient de le faire également*. Il en fait un acte de communication qui exprime et la séparation et le lien. Il souligne la *réciprocité* du travail d'élaboration mentale ainsi que la *solidarité* dans le dépassement des résistances à ce travail.

Ma conception de la relation thérapeutique comme *distance intime* m'amène maintenant à développer deux thèmes importants. Le premier est le problème posé par la notion psychanalytique d'Inconscient. Le second concernera le statut de la tendresse dans l'alliance de travail.

10

La part inconsciente

De même que l'on peut distinguer deux niveaux de conscience, la conscience spontanée et la conscience réfléchie, de même il convient de différencier deux niveaux d'inconscience, le premier se rapportant à ce qui échappe à la conscience spontanée et le second ce qui échappe à la conscience réfléchie. Dans le premier cas, il peut s'agir d'une perception actuelle ou d'un souvenir qui n'est pas remarqué par la conscience, qui s'avère actuellement inaperçu mais qui peut devenir conscient si l'on y pense. Par contre, dans le second cas, celui qui nous intéresse, le travail mental ne suffit pas à rendre conscient ce qui ne l'était pas. Cette seconde part de la vie mentale, celle qui échappe à la conscience même quand le sujet cherche à la saisir et y applique son attention, peut justement être qualifiée d'inconsciente.

Mais la transformation psychanalytique de cette inconscience en un système nommé Inconscient pose question. Je ferai quelques remarques sur ce point après avoir situé la conception freudienne de l'inconscient et pour montrer que les développements phénoménologiques et existentiels (qui généralement excluent la notion d'inconscient) peuvent s'accorder avec une théorie de la psychothérapie intégrant l'expérience d'une vie inconsciente.

Précisons tout d'abord qu'une notion d'inconscient existe depuis longtemps en philosophie. Une intuition de la vie inconsciente comme ignorance non pas de faits extérieurs mais d'états internes au sujet se trouve en effet chez nombre d'auteurs tels Plotin, Fichte, Schelling, Hegel et Schopenhauer ou encore Carus, Von Hartmann et Bergson. Ce dernier annonçait lucidement en 1901 qu'« *explorer l'inconscient, travailler dans le sous-sol de l'esprit avec des méthodes spécialement appropriées, telle sera la tâche principale de la psychologie dans le siècle qui s'ouvre* ».

Dès 1831, Carus nous parlait de « *tout ce qui travaille, crée, agit, souffre, fermente et couve dans la Nuit de notre âme inconsciente* » et il ajoutait : « *Tout ce qui s'y manifeste, d'une part dans la vie de notre organisme, d'autre part dans les influences que nous recevons des autres âmes et de l'univers entier, tout cela monte, avec un accent tout particulier, de la nuit inconsciente à la lumière de la vie consciente* » (ouvrage allemand non traduit, cité par Filloux, *L'inconscient*, PUF, p. 11). Pour ce philosophe, la connaissance de la vie psychique consciente avait sa clef dans les régions inconscientes.

De même, Von Hartmann traita dans sa *Philosophie de l'inconscient* (1869) des manifestations de l'inconscient aussi bien dans la corporéité que dans le psychisme et tenta de théoriser une métaphysique de l'inconscient. Pour cet auteur, l'inconscient dans la vie corporelle est l'âme qui dirige la finalité organique. Le corps n'est donc pas simple mécanisme mais relève d'un fonctionnement d'ordre psychique. Par exemple, le principe intérieur d'un réflexe ne s'explique pas par les lois générales de la matière mais par un principe spirituel et inconscient. De même, l'instinct est une activité qui poursuit un but sans en avoir conscience. En ce qui concerne la vie proprement psychique, l'auteur signale également divers processus inconscients opérant dans les activités de perception ou de raisonnement. Par exemple, les découvertes géniales seraient le fruit d'une digestion sourde des idées et de ruminations inconscientes.

Von Hartmann fait donc un pas en avant d'une part en précisant l'influence du psychisme inconscient sur la vie consciente, d'autre part en donnant une définition « psychosomatique » et donc unifiante de l'âme puisque celle-ci est « *la totalité inconsciente et une des fonctions organiques et psychiques de l'individu* ». C'est toutefois une œuvre de philosophe qui se réfère aussi bien à Hegel, Schopenhauer et Schelling qu'à Kant ou Leibniz, ce qui rend difficile l'étude d'éventuelles affinités avec l'inconscient tel que Freud l'a conceptualisé. Quand il écrit par exemple que « *le principe de la philosophie pratique consiste en ceci : faire que les buts de l'inconscient deviennent les buts de la conscience* », on ne peut s'empêcher de penser à la formule freudienne selon laquelle « *où ça était, je (moi) dois advenir* ». Mais les choses sont plus complexes car l'inconscient qu'évoque Hartmann n'est pas le même que celui de Freud, il n'est pas individuel et les buts cités sont ceux du devenir universel. Son inconscient représente l'âme universelle et non le monde psychique d'un sujet singulier. De même le refoulement, qui est une clef de l'inconscient psychanalytique, est totalement inconnu de Von Hartmann. Une fois de plus, il est difficile d'articuler doctrine philosophique et théorie psychologique.

Revenons alors à Freud qui, on le comprend mieux, n'a pas inventé la notion d'inconscient mais dont l'apport est néanmoins décisif puisqu'il en a fait un système organisé et dynamique.

En psychanalyse, l'inconscient est un système constitué de contenus refoulés, c'est-à-dire de pensées, d'images et de souvenirs que le sujet repousse ou maintient hors de sa vie psychique consciente. Les représentations refoulées sont essentiellement liées à la vie pulsionnelle et aux désirs infantiles. Le refoulement ne porte pas sur la pulsion organique elle-même, ni sur l'affect qui sera plutôt réprimé ou transformé, mais sur les éléments représentatifs (idées, images...). Ce refoulement ne s'effectue pas une fois pour toutes mais se perpétue automatiquement et sans relâche. Les éléments refoulés, quant à eux, ne demeurent pas passivement là où ils ont été relégués mais forment des rejetons qui cherchent à gagner la conscience. Quand ils y parviennent, apparaissent nombre de phénomènes tels les actes manqués ou les symptômes qui sont des compromis satisfaisant partiellement aussi bien les exigences conscientes que les processus inconscients. Les obsessions, les phobies et les angoisses en général correspondent ainsi à des manifestations du monde inconscient dans la vie consciente.

L'inconscient psychanalytique comprend également des contenus relatifs à l'espèce et qui seraient présents en tout individu sans être directement acquis par lui : il existerait notamment des fantasmes préindividuels (intéressant la vie intra-utérine, le coït parental, la castration, la séduction). Ces fantasmes inconscients organisent la vie fantasmatique quelles que soient les expériences personnelles du sujet. Laplanche et Pontalis ont noté le caractère commun de ces fantasmes qui tous se rapportent aux origines : figuration des origines de l'individu, de la sexualité ou de la différence des sexes.

L'inconscient psychologique de Freud est ainsi un lieu psychique particulier organisé en système ayant des contenus, des mécanismes et une énergie spécifiques. Ses mécanismes tels la condensation (une représentation unique se situe au carrefour de plusieurs chaînes associatives) et le déplacement (l'intensité d'une représentation glisse le long de voies associatives) se retrouvent dans les rêves mais aussi dans les actes manqués et les lapsus, ceux-ci étant interprétés comme un retour du refoulé. Les mécanismes inconscients sont caractérisés par la mobilité des investissements et la circulation libre de l'énergie. Il y aurait dans ce système absence de doute et de négation et indifférence vis-à-vis de la réalité, seul le principe de plaisir-déplaisir pouvant le réguler.

Je voudrais tout d'abord soutenir le grand intérêt de ces descriptions. Si bien des penseurs avaient avant Freud désigné une zone sombre échappant au contrôle conscient, le mérite de cet auteur est bel et bien d'avoir introduit un éclairage dans ces ténèbres, d'avoir conceptualisé une perspective dynamique permettant de mieux appréhender ces processus obscurs. Cet éclairage novateur est profond et fécond.

Mais son utilisation pose problème. Elle est insatisfaisante car créatrice, elle aussi, d'ombres. La *hantise de l'antériorité* dont Ricœur a bien montré la présence dans la pensée freudienne amène les analystes à trop souvent chercher dans le présent une répétition inconsciente du passé et dans le passé une explication du présent. Cette attitude est parfois éclairante, parfois obscurcissante. Car si la théorie freudienne présente bien le passé comme fond, la part innovante du présent et l'importance de l'avenir comme construction de sens peuvent lui échapper. Comme souvent, c'est la systématisation d'une méthode qui en révèle les limites.

Happée par la pathologie, la psychanalyse crée un super-système nommé Inconscient pour tenter de cerner ce qui échappe à l'homme. Or, s'il est utile et souvent passionnant d'enquêter au sujet des mobiles inconscients de nos conduites, c'est-à-dire de travailler à révéler les stratégies de l'archaïque en nous, il faut nous garder cependant de dessaisir la conscience du primat réflexif par lequel l'individu se responsabilise.

La conscience n'est certes pas transparente mais elle est quand même l'appréhension vécue de soi et du monde à laquelle nous accédons, vécu dont une partie seulement est mentalisée par le sujet. C'est ce travail de mentalisation que nous souhaitons thérapeutiquement pouvoir développer et affiner. Le sujet a besoin de coïncider avec lui-même et pour cela peut avantageusement effectuer un travail thérapeutique de révélation et d'explicitation de son univers psychique méconnu ou inconnu. Ainsi peut-il développer la connaissance et la jouissance des différents pans de son intériorité. Mais cette capacité accrue de se connaître et de s'apprécier ne sera pas une fin suffisante, elle s'enrichira d'être exploitée par la construction individuelle et collective d'un présent et d'un futur satisfaisants.

Si à la connaissance de l'influence de notre histoire nous ajoutons la reconnaissance des vertus constructives de la conscience qui anticipe l'avenir, nous pouvons mieux concrétiser nos projets sans nous perdre dans l'exaltation imaginaire. L'avenir devient alors cet espace ouvert à la réalisation de nos souhaits, *« ce lieu de naissance qui s'ouvre devant nous »* (E. Bloch, *Le principe espérance*, p. 15). A une conception de la vie inconsciente qui reste tournée vers l'arrière, ajoutons une conception de la conscience qui soit ouverte sur le nouveau et dont les capacités d'anticipation serviront de guide pour l'élaboration de nos actions.

Vénération du concept d'Inconscient et dé-responsabilisation de la personne

L'Inconscient (substantifié par une majuscule) est trop souvent utilisé pour servir d'explication à ce qui nous échappe. Les mystères de l'être et les incohérences, les accidents et tout ce qui rappelle l'irresponsabilité humaine sont trop souvent ramenés par certains à une fureur divine et par d'autres à des déterminismes inconscients sur lesquels on ne pourrait guère agir du fait justement de leur caractère divin ou inconscient. A la vénération des concepts, Dieu ou Inconscient, s'ajoute insidieusement une dé-responsabilisation des individus et des groupes mus par des forces qui leur échapperaient grandement ou totalement.

Cette position n'est pas suffisamment constructive. Nous pouvons reconnaître l'existence d'une partie non consciente aussi bien de la chair que du psychisme (puisque chair et psychisme composent un seul et même être), mais sans accepter la transformation de cette vie non consciente en une sorte d'être mystérieux appelé Inconscient qui régirait nos vies à notre insu. Il n'y a pas autonomie radicale de la vie inconsciente car il n'y a pas de séparation absolue entre les différents niveaux de fonctionnement psychique. Il faut donc désacraliser l'inconscient et relativiser l'autonomie de la part non consciente qui habite chacun.

En fait, conscience et inconscience sont des termes approximatifs, des limites abstraites du champ expérientiel humain. La vie non consciente n'est pas un lieu mystérieux localisable dans le psychisme et auquel seuls les initiés pourraient avoir accès. Ils disposent en effet, j'évoque surtout le travail d'exploration des psychanalystes, de quelques clefs permettant l'ouverture partielle de quelques portes et cela est déjà beaucoup. Reconnaissons volontiers le grand intérêt de la méthode d'investigation de la psychanalyse mais n'allons pas croire qu'à elle seule cette discipline détiendrait la vérité sur les zones d'ombre qui existent en chacun. Il faut tout à la fois plus d'humilité et plus de rigueur. Il nous faut reconnaître et assumer nos limites actuelles sans régresser vers un mode de pensée magique et sans nous référer à des concepts divinisés qui sont créés pour exorciser nos peurs mais qui finalement ont pour effet de les maintenir vives.

La conscience est ce qui doit nous mouvoir mais il s'agit alors d'une conscience affinée et la moins naïve possible. C'est ce que le travail psychothérapeutique vise : une conscience à la fois intuitive et réfléchie, générant des actes à la fois spontanés et résultant d'une élaboration. La conscience est donc la donnée première même si elle n'emporte pas avec elle l'idée de certitude. Je n'affirme pas la coïncidence de l'être et de la conscience. L'esprit humain n'a pas conscience de tout ce qui le constitue et il est moteur de chercher à élargir le champ de conscience des êtres, mais par contre il n'est pas dynamisant ni fructueux d'évoquer trop souvent comme système « explicatif » un inconscient partiellement inconnaissable. Les troubles psychologiques sont des rétrécissements du champ de conscience actuel, qui n'est qu'une partie du champ de conscience virtuel, ce qui nous incite en psychothérapie à travailler à une plus grande connaissance du champ actuel ainsi qu'au dévoilement maximal du champ virtuel; *à dévoiler non un inconscient tout-puissant mais les potentialités de la conscience.*

Ce travail de découverte et de dévoilement nécessite la reconnaissance de la part du réel qui nous échappe mais n'implique pas pour autant l'exacerbation d'un principe explicatif unique. L'inconscient n'a de définition que négative puisqu'il dénote seulement ce qui échappe à la prise d'une conscience. Il en est de même par exemple pour l'invisible qui est ce qui échappe à la vision : quand l'homme invente le microscope, le télescope ou les lunettes à infrarouge, il se donne les moyens de voir ce qui était jusque-là considéré invisible parce que trop petit, trop loin ou trop obscur. Cet invisible était donc non pas quelque chose qu'il était impossible de voir mais quelque chose que l'on ne voyait pas. Le même phénomène existe quant à l'abord de l'inconscient : il est de l'inconnu, pas forcément de l'inconnaissable.

De la répétition au dégagement : implication et prise de conscience

La position défendue dans ce livre n'est pas antinomique d'un travail sur la part non consciente des sujets, cette investigation est au contraire pleinement soutenue. La quête de sens s'enrichit incontestablement d'une analyse du monde inconscient et la reconnaissance de celui-ci est un progrès de la réflexion. L'essentiel des travaux de Freud sur l'inconscience reste le pouvoir explicatif de ses hypothèses, le fait qu'elles permettent de rendre plus intelligibles des phénomènes qui sinon risqueraient de paraître incohérents, insensés et cliniquement inutilisables. Mais on ne saurait pour autant voir dans l'Inconscient une réalité fantastique ou un être souverain et immuable qui aurait le pouvoir extraordinaire de penser à notre place.

Sphère des déterminations obscures, des désirs indicibles et des intentions cachées, le monde inconscient s'articule à la conscience sans s'y substituer ; et s'il n'y a pas hétérogénéité radicale entre inconscience et préconscience, nous pouvons, comme le suggère également Ricœur, « *relativiser l'inconscient* » (1966, p. 414).

La clinique nous indique la présence inévitable de l'implicite et du potentiel dans toute expérience, que ce soit à l'intérieur ou à l'extérieur du sujet. La conscience est intentionnalité, comme le démontre la phénoménologie husserlienne, mais cette intentionnalité en tant qu'institution de sens est parfois floue, souvent ambiguë. C'est dire qu'elle est mue par des forces partiellement non conscientes[5].

5. L'articulation entre la pensée d'Husserl, philosophe de la conscience, et celle de Freud, théoricien de l'inconscient, est d'un grand intérêt car tissant un lien entre le préréflexif phénoménologique et l'inconscient freudien. Bien que leurs développements doctrinaux soient exactement contemporains, ces deux grands penseurs ne se sont jamais intéressés l'un à l'autre. A noter sur ce point l'important travail épistémologique effectué par le philosophe Ricœur qui, tout en n'étant ni analyste ni analysé, a saisi avec profondeur l'essence de la psychanalyse. Son livre de 1965, *De l'interprétation*, est une approche phénoménologique du champ psychanalytique ; il crée une passerelle entre ces deux grands courants de pensée.

J'ai indiqué précédemment comment l'implication émotionnelle et relationnelle faisait advenir à la conscience des éléments non conscients. Cette implication fait ainsi progressivement passer le sujet de la répétition au dégagement, notamment vis-à-vis des thèmes agressifs et sexuels dont la coprésence ou l'intrication reste une grande affaire pour chacun. Ces deux rocs, la sexualité et la violence, par leur complexité et leurs ramifications, suffiraient à eux seuls à démontrer que l'individu est plus que ce qu'il a conscience d'être et que le cogito cartésien n'est pas le modèle de toute certitude. Mais que le sujet ne soit pas conscient de tout ce qui l'habite et de tout ce qui le terrorise ne signifie pas nécessairement qu'une force nommée Inconscient le domine ; ce fait signale seulement qu'il a à effectuer un travail important d'introspection, un travail de « conscientisation » de son monde interne.

La relation vive par laquelle je désigne l'alliance thérapeutique intègre l'exploration des phénomènes inconscients, notamment la dynamique transférentielle et la compulsion de répétition. Ces faits existent et je ne les évite pas ni ne les oublie. Je soutiens seulement une autre manière d'aborder et d'affronter ces tendances sans leur attribuer plus d'importance qu'elles n'en ont. Il s'agit aussi et parallèlement d'une manière d'aborder le lien, l'ouverture et l'innovation en leur accordant toute l'importance qu'ils ont.

Le terme *inconscient* ne peut évoquer que la qualité indéfinie de l'inconscience. Si nous souhaitons provoquer chez le patient ses facultés créatives et curatives personnelles, nous pouvons reconnaître qu'il existe en lui comme en chaque homme une puissance de l'activité inconsciente et donc des nœuds de forces obscures, mais il nous faut simultanément soutenir les noyaux de sens qui, travaillés par le sujet conscient, déploient l'intelligibilité de son vécu et de ses projets.

Je vais maintenant aborder un second thème qu'appelle l'alliance thérapeutique que je décris, celui de la relation d'ordre affectif entre les deux protagonistes et plus spécifiquement le sentiment de tendresse.

11
La tendresse

Le processus psychothérapeutique sera plus probablement créatif et efficace si le lien entre patients et praticiens intègre une part affective. Ce constat pose la question du statut des sentiments et plus spécifiquement de la tendresse dans l'échange thérapeutique. Soutenant le rôle du psychothérapeute présent en tant que personne dans la communication avec les patients, et refusant de chosifier autrui, je me suis aperçu que le lien spécifique qui s'instaurait alors avec les personnes qui travaillent avec moi comprenait fréquemment de la tendresse, celle-ci m'incitant à me rapprocher affectivement d'eux pour mieux les comprendre et les soutenir. Nous allons préciser et étudier cet aspect délicat du lien professionnel thérapeutique.

Toi, patient, mon ami : la tendresse partagée

La véritable mutualité se rencontre essentiellement en amitié et en amour. Cette constatation m'a incité non pas à renoncer à la mutualité dans le lien psychothérapique mais à assumer plus d'amitié et plus d'amour dans mon travail, cherchant ainsi davantage de vérité dans l'échange. Mais les mots *amitié* et *amour*, et les sentiments qu'ils désignent, ne me semblent pas pouvoir être utilisés directement et au sens plein pour qualifier la relation entre patients et thérapeutes. C'est alors la tendresse qui constituerait l'étayage sentimental de ce lien particulier. C'est la tendresse réciproque qui transformerait la neutralité du lien professionnel en alliance véritablement thérapeutique, c'est-à-dire favorable au changement.

Comme tout sentiment, la tendresse est un état personnel, une disposition intérieure ; sa lumière éclaire bien des pensées confuses et souligne notre sensibilité et notre subjectivité foncières. A cette subjectivité sensible, la tendresse ajoute une intelligence intuitive qui donne sens aux échanges thérapeutiques. Ceux-ci se nourrissent aussi des éléments stabilisants et liants de l'affectivité assumée.

A la sollicitude, qui ne suffit pas, j'ajoute donc l'intérêt d'une *implication affective*. Ce qui est demandé au psychothérapeute n'est pas seulement une relative neutralité mais aussi un engagement affectif clair et réfléchi, sans confusion avec un quelconque copinage ou un désir amoureux. Le psychothérapeute, dans ses échanges avec ses patients, reste d'ailleurs vigilant sur ce point, toujours prêt à éviter les dérapages ou les malentendus. Qu'un patient devienne trivial dans l'échange et le praticien doit immédiatement resituer le contexte et prendre de la distance. La mutualité vraie exclut la trivialité et nécessite au contraire un incessant travail de respect, de part et d'autre. C'est le respect qui continuellement arrache l'affect à sa tendance à annexer autrui. Mais si au contraire, et c'est le cas le plus fréquent, le patient n'ose pas se montrer véritablement ouvert et spontané, par exemple dans ses associations verbales ou dans ses élans expressifs, alors le psychothérapeute peut là aussi prendre l'initiative de montrer le chemin mais en réduisant cette fois-ci le fossé relationnel.

Ainsi, un jour, je vais chercher Hubert dans la salle d'attente, je lui dis bonjour et l'invite à entrer dans le bureau. Arrivé là face à lui, je le regarde et ressens de la tendresse pour cet homme jeune, timide et déprimé. Je lui dis alors « *je suis content de te voir* », il me regarde avec intensité, lui qui détourne souvent le regard, il s'ouvre, sourit et me dit qu'il est content que je sois content. On pourrait peut-être interpréter cette attitude du psychothérapeute comme une entreprise de séduction ou comme le résultat d'une confusion entre ce qu'il était à l'âge de ce patient et le patient lui-même. On pourrait également, connaissant l'histoire intime du psychothérapeute et celle du patient, saisir combien ce court échange condense de thèmes prégnants pour l'un comme pour l'autre. Toutes ces interprétations auraient leur poids de vérité mais n'expliqueraient pas l'effet positif obtenu ce jour-là chez Hubert et dans la suite de son travail thérapeutique. Il est des moments où ce qui est en jeu de manière prédominante n'est pas la clarification des thèmes non conscients mais l'utilisation concrète de la situation actuelle comme situation nouvelle. La compréhension émotionnelle qui sert de levier aux échanges s'accompagne d'un dynamisme affectif renouvelé. Avec Hubert ce jour-là, le partage vrai et spontané du contentement rendit cet échange utile au processus thérapeutique en inscrivant un lien positif à l'intérieur d'une personne qui en manquait terriblement.

La tendresse partagée peut être assumée en psychothérapie mais à l'intérieur d'un cadre relationnel défini par le praticien qui reste gardien de ses règles de fonctionnement professionnel. Le registre de l'intensité qui est parfois utilisé, notamment dans les temps de travail émotionnel, n'est rendu possible et utile que par la double facette du psychothérapeute : à la fois sa présence est tendre et chaleureuse, à la fois il pose des lois cadrantes et rigoureuses.

La sensibilité est une exigence à assumer dans les rapports professionnels et nous savons qu'être soi-même en présence d'autrui est parfois une entreprise difficile mais c'est parce que le psychothérapeute montre qu'il accomplit cet effort, et qu'il s'agit bien parfois d'un effort, qu'il peut aider le patient à effectuer une action analogue pour lui-même. Dans le registre des interventions du praticien, les manifestations verbales et gestuelles tendres possèdent une valeur de réalité interhumaine propice au bon développement du processus évolutif. La réaction psychique intime du patient à la tendresse du psychothérapeute va donner aux séances, dans l'après-coup élaboratif, plus de valeur, plus de poids et finalement plus de sens.

Ainsi, la tendresse exprimée fait lien entre relation et signification, elle donne plus de sens à la relation et plus d'affectivité aux découvertes psychiques.

Est-ce à dire que le dernier mot revienne aux sentiments ? N'y a-t-il pas à maintenir l'arbitrage de l'intelligence et du raisonnement ? Je suis persuadé que nous avons à maintenir cet arbitrage et c'est là une des grandes différences entre des relations familiales saturées d'affects, ce qu'ont connu certains patients — cette saturation ne signifiant pas bien entendu qu'ils ont été trop aimés mais plutôt qu'ils ne l'ont pas été assez, c'est-à-dire pas dans le respect de leur personnalité — et une relation thérapeutique nourrie par la tendresse, certes, mais réfléchie et cadrée par un travail constant visant la clarification et la mentalisation. L'engagement affectif du psychothérapeute et celui du patient, grâce aux soucis d'authenticité et de progression qui les nourrissent, seront repris et psychiquement élaborés. Cette analyse élucidante n'exclut pas mais intègre le niveau affectif des échanges.

Les deux exigences d'implication et de distance convoquent inévitablement chez le psychothérapeute et chez le patient la nécessité de gérer de manière productive la tension entre ces deux pôles. Le patient effectue généralement cette négociation avec moins de réussite que le psychothérapeute, du moins au début du travail, et ce n'est pas une des moindres nécessités du second que de favoriser l'appropriation par le premier de ses capacités de compréhension et de mentalisation. Les qualités denses et opaques du lien feront progressivement place à une clarification chaque fois recherchée et progressivement accrue des échanges et de leurs enjeux. Cette recherche permet que l'un et l'autre effectuent régulièrement des redéfinitions personnelles de leur mode communicationnel et de leur positionnement respectif, sans remise en cause du lien dans sa globalité. L'importance donnée à la tendresse dans la rencontre n'est pas acceptation inconditionnelle mais recherche de respect réciproque et de vérité exprimée.

Le tabou de la tendresse

La gêne, la honte, l'agacement accompagnent parfois une expression tendre, par exemple une caresse de la joue. Et en effet, hormis les paroles et les gestes affectueux adressés à de jeunes enfants ou échangés entre amoureux, il faut bien reconnaître que la tendresse, *comme sentiment exprimé*, reste tabou. La tendresse vécue intérieurement garde partiellement sa valeur mais l'expression en est inhibée et les relations tendent alors bien souvent vers une formalisation aseptisée et plutôt ennuyeuse.

A la complexité du vécu concret de la tendresse, notamment dans l'échange thérapeutique, s'ajoute une difficulté, celle d'attribuer une place théorique à ce sentiment, que ce soit en philosophie ou en psychologie. Entre un désintéressement vaguement méprisant lié à une sorte de pudeur moraliste et la complaisance sentimentaliste, il nous faut trouver une approche adéquate. Nous pouvons établir une saine articulation entre l'humanité d'un soignant impliqué dans son travail et l'obligation de recul et de réflexion distanciée qu'impose ce même travail. Nous pouvons valoriser une *genèse réciproque de la réflexion rationnelle et de l'implication affectueuse.* Toutefois, il ne s'agit pas de soutenir une telle attitude seulement parce qu'elle serait sympathique et ferait sourire le lecteur lui aussi attendri, mais parce qu'elle correspond de près aux exigences du changement.

Notons par exemple que l'importance considérable de la tendresse n'est niée ni dans l'accueil du nourrisson, ni dans le développement de l'enfant, ni même dans l'épanouissement de l'adulte. Pourquoi le serait-elle dans le soutien des personnes en difficulté?

Tentons de préciser le statut de la tendresse. Ce statut ne sera pas freudien car on se souvient de la définition donnée par Freud à la tendresse : un érotisme détourné de ses buts sexuels, c'est-à-dire un désir désexualisé et déplacé. Pour moi au contraire, la recherche de contacts interhumains doux et rassurants, le désir de caresses affectueuses et calmantes ont une fonction à part entière qui est d'unification et de sécurisation et non pas de satisfaction libidinale ratée ou appauvrie. La tendresse partagée a une fonction de confirmation existentielle réciproque et mérite pour cela qu'on l'exprime sans trop d'avarice.

Sur le plan des relations intimes entre deux partenaires sexuels, elle n'est pas un détournement du projet érotique mais elle favorise au contraire l'articulation du désir sexuel direct, à l'état brut, et de la poétique amoureuse. La tendresse relie le désir sexuel et l'amour, elle signe leur complémentarité et tend même, dans le meilleur des cas, à exprimer leur identité.

Dans le domaine de la psychothérapie, les sentiments tendres cimentent les prises de conscience apparaissant parfois de manière éparpillée lors des échanges, et favorisent l'incarnation et l'acceptation de ces émergences mentales qui sinon restent souvent sans suite, faute d'inscription affective. Le sentiment de tendresse donne plus de sens à l'échange. Prenant appui sur l'intériorité, la tendresse nous mène vers autrui avec l'intention de le rencontrer, d'en faire un alter ego. Par cette intention, l'intériorité se fait échange, se développe en action sans perdre sa valeur singulière. Le projet de me positionner vis-à-vis d'autrui rend mon intériorité *et la sienne* beaucoup plus sensibles. La tendresse est ainsi la manifestation sentie d'une relation qualitative à autrui.

Je peux exprimer ainsi à propos de la tendresse ce que Ricœur dit généralement du sentiment, à savoir qu'elle est le révélateur des élans de notre être. J'ajoute qu'elle est l'expression des liaisons pré-réflexives avec autrui. Elle est la *manifestation sans passion de l'amour* entre les hommes. Elle serait même parfois un repos vis-à-vis de cette passion souvent fébrile. C'est pourquoi son vécu et son expression s'avèrent si primordiaux dans le travail thérapeutique avec des personnes ayant souffert de la part de l'environnement familial d'un amour maladroit, insuffisant ou passionnel. Il s'agit de pouvoir vivre une *relation d'amour sans relation amoureuse*. Pour éviter les équivoques et parce que l'affect de tendresse correspond mieux phénoménologiquement à ce que j'éprouve avec les patients, je préfère actuellement parler de tendresse plutôt que d'amour.

Une des possibilités offertes aux patients est d'explorer verbalement et physiquement avec le psychothérapeute la différence entre ces deux niveaux, entre amour et tendresse, dans l'investigation des similarités et des contrastes entre eux, par exemple entre dialogue affectueux et dialogue amoureux, entre caresse tendre et contact érotisé. Nombre de personnes en psychothérapie ont eu étant enfant ou adolescent des relations ambiguës, durables ou ponctuelles, réelles ou imaginaires, avec un membre de leur famille : un des parents, un oncle, une tante, un(e) cousin(e), etc. Certaines expériences ont parfois cristallisé une confusion entre tendresse et désir sexuel dont les connotations œdipiennes sont souvent puissantes et inhibantes. Avec le psychothérapeute, envers qui s'actualisent généralement le besoin de tendresse mais aussi les désirs sexuels et l'ambiguïté entre les deux, il est opportun dans une perspective de clarification et de dégagement de pouvoir explorer ce qui les différencie. Peuvent être comparés par exemple les sentiments et sensations vécus dans la situation présente et ceux éprouvés en imagination, le plus souvent à distance de cet échange. Ceci met en évidence concrètement et précisément le rôle puissant de l'imaginaire dans le rapport psychothérapique mais aussi dans d'autres relations ou dans la mise en place et le maintien des causes de la souffrance.

Il est arrivé un jour qu'une patiente se mette à pleurer en séance par dépit et frustration et que sa douleur soit redoublée par le fait qu'elle avait besoin que je la prenne dans mes bras et que, dit-elle, je ne le ferais assurément pas. N'étant pas trop naïf, j'étais conscient de quelque manipulation possible que pouvait évoquer cette scène mais je décidai de lui signaler que j'étais d'accord pour la prendre dans mes bras si elle en avait besoin. D'abord surprise, presque hébétée, elle hésita quelques secondes puis se mit à rire longuement, prenant conscience de tout un scénario imaginaire qu'elle avait forgé et qui la menait invariablement vers la frustration et le désespoir. Elle croyait en effet que je ne pouvais pas la toucher pendant son émotion car je serais trop troublé notamment par sa chaleur et son odeur, et que je me défendrai par avance de cela en refusant le contact. Le fait que je l'accepte lui fit comprendre la confusion qu'elle entretenait en projetant sur moi (mais aussi sur les autres hommes) sa difficulté à gérer ses émois. Lors de la séance suivante, nous fîmes ce travail d'enlacement et elle prit conscience, cette fois-ci dans le contact réel, premièrement qu'elle n'était pas si troublée qu'elle l'envisageait, deuxièmement que je ne l'étais pas non plus et que finalement les désirs sexuels avaient une importance qui pouvait être relativisée. Ceci l'amena à se demander pourquoi elle passait tant de temps à souffrir de la frustration puis à profiter de notre échange ce jour-là. Elle n'en demanda pas d'autre par la suite. Un tel travail peut aussi s'effectuer dans le seul échange verbal mais la possibilité de mettre en acte le rapprochement donne plus de corps et d'impact aux prises de conscience qui en résultent.

Cet exemple confirme également que la tendresse n'est pas un pis-aller, une compensation faute d'amour. Ce sentiment a valeur pleine et entière. C'est sa méconnaissance qui mène tant de personnes à chercher l'amour sexualisé avec une telle obstination qu'elles en manquent nombre de relations tendres, amicales et créatrices. A la fois réceptivité et activité, sensibilité et création, le sentiment de tendresse nous incline à l'échange et à la réussite de celui-ci. Il est d'une grande importance car il soutient le processus de restauration et de dégagement en psychothérapie.

Des enquêtes à la méthodologie sérieuse, comme celles menées par Gérin et ses collaborateurs (1984, 1992), suggèrent que l'efficacité du traitement est à peu près semblable quelle que soit la théorie de référence du thérapeute. Les études comparatives de résultats ont échoué à démontrer de manière constante la supériorité d'une psychothérapie par rapport aux autres. Par exemple une étude récente, rapportée par ces auteurs, n'a trouvé aucune différence globale signifiante entre trois modalités de traitement de dépression qu'elle comparait, bien que l'évolution des patients ait été meilleure dans ces trois groupes que dans un groupe contrôle, sans traitement. Il apparaît qu'il n'y a pas de correspondance régulière entre la méthode elle-même et l'évolution des patients.

Mon hypothèse, et c'est pourquoi je consacre ma recherche au thème de la relation, est que si les psychothérapeutes ont des résultats sensiblement égaux, c'est que ceux-ci ne dérivent pas de leurs adoptions doctrinales mais de leurs qualités humaines et que, parfois malgré eux ou malgré leur adhésion à des doctrines qui méconnaissent l'importance du lien affectif, ils ont vécu, pensé et peut-être même exprimé des sentiments ouverts et soutenants vis-à-vis de leurs clients. Un tel positionnement interhumain *ne remplace pas le travail d'analyse mais il le rend thérapeutique*.

Dans l'ouvrage de Gérin de 1992, un des auteurs, faisant l'analyse de quelques onze cents publications faites dans les quarante dernières années sur les liens entre processus thérapeutiques et effets cliniques, signale lui aussi l'importance de la relation thérapeutique. La qualité de cette relation, telle que la vit le patient, s'est montré corrélée de manière très constante avec les résultats de la psychothérapie : « *Dans un grand nombre d'études, les effets cliniques positifs ont été régulièrement associés au fait que les patients avaient le sentiment de vivre une* ***relation étroite*** *et de* ***collaborer activement*** *avec leur psychothérapeute, qu'ils percevaient ce psychothérapeute comme empathique et attentif, enfin qu'ils étaient convaincus de son efficacité, l'appréciaient et le respectaient* » (Orlinsky, p. 14, c'est moi qui souligne).

Dès lors, il me paraîtrait important que dans les formations de cliniciens on mette moins l'accent sur les subtilités des doctrines ou sur le projet d'application fidèle d'une pratique, quelle qu'elle soit, et qu'on aide davantage chacun à penser pleinement le lien et à se préparer à le travailler avec ses patients. *Travailler le lien ne se réduit pas à interpréter le transfert*. La relation thérapeutique, sous son aspect humain et qualitatif, est plus fortement liée au processus de changement positif que les aspects techniques ou théoriques. Entre rapport authentique et superficialité, entre résonance empathique et incompréhension, nombre d'organisations dyadiques peuvent effectivement voir le jour. Le lien déborde de toute façon le niveau technique des transactions pour inclure les qualités personnelles, ce qui donne à chaque relation une alchimie spécifique encore mal comprise. Le tabou du toucher évoqué à propos de la pratique psychanalytique s'inscrit en fait dans un contexte plus large qui est celui du *tabou de la tendresse*.

Tendresse, agressivité, ambivalence

La vie sentimentale nous relie à autrui. Assumer la tendresse me semble le complément indispensable à la stimulation de la vie représentative dans tout travail se voulant thérapeutique. Il existe en effet une genèse mutuelle de la vie mentale et du lien émotionnel aux autres. Ils permettent tous les deux d'intérioriser la réalité et de compenser les peines liées à la séparation par une conscience de participation et d'échange. Pensées, émotions et relations sont contemporaines, elles croissent ensemble et s'enrichissent mutuellement.

Le lien sentimental atteste notre affinité élective avec nombre de réalités partagées par les hommes. Parmi celles-ci, l'agressivité ne doit pas être négligée. C'est pourquoi l'expression de la tendresse telle que je la valorise n'est pas une annulation ni même une sous-estimation de l'agressivité. Sans soutenir les doctrines pessimistes, par exemple celle de Sartre qui définit l'essence des rapports entre les consciences par le conflit, je donne néanmoins à l'agressivité ou plutôt à l'ambivalence une place primordiale.

C'est bien souvent la dialectique de l'amour et de la haine qui grève les rapports humains et génère, quand s'y ajoutent une mauvaise communication et un insuffisant respect, tant de conflits individuels et collectifs. Cette ambivalence est difficile à vivre et à penser car constituée d'états contradictoires et parfois indéfinissables pour le sujet déchiré qui n'y perçoit que confusion pénible et amalgame de tendances rivales.

Si la tendresse n'était promue que pour remplacer l'agressivité, elle serait en fait l'expression d'une faiblesse de pensée et apparaîtrait à juste titre accessoire. Mais il s'agit au contraire d'un sentiment fondamental dont l'articulation avec les mouvements agressifs et haineux est d'un grand intérêt en psychothérapie. L'opposition entre amour et haine, entre tendresse et agressivité, fera place, au fur et à mesure du travail expressif et réflexif effectué, à une collaboration lucide et intelligente n'excluant pas les conflits mais les dédramatisant.

Le clivage entre l'amour et la haine, quand il est suffisamment travaillé, mène à l'ambivalence constructive.

L'enlacement et la recherche du contact doux ne seront donc pas proposés en remplacement du travail sur l'agressivité, qui serait alors à refouler, mais en association ou en articulation avec lui. L'exploration relationnelle de l'ambivalence vécue émotionnellement et verbalement a ainsi une fonction unificatrice et sécurisante.

L'alliance thérapeutique

L'alliance thérapeutique se nourrit d'une réflexion philosophique sur le lien et concerne les différents aspects relationnels (psychiques, émotionnels et corporels) du travail.

La relation vive et tendre qui la constitue s'étaie sur la recherche d'authenticité, de cohérence et de consistance. Elle se fonde autant sur l'exigence de qualité (elle doit être vécue et pas seulement pensée) que sur le besoin de signification (elle donne sens à l'itinéraire de ceux qui l'assument). Elle s'appuie sur la collaboration active et sincère des deux protagonistes et, ne dépendant pas seulement de la singularité de chacun d'eux, elle apparaît singulièrement et se développe dans leur rencontre.

Cette perspective positive n'est ni simple ni laxiste. Elle est faite d'exigences réflexives et d'incitations à l'action, ces deux niveaux de réflexion et d'action se développant dans un rapport de soutien mutuel. Elle vise la prise en charge pleine et totale par le patient de son devenir. Les deux dimensions, individuelle et groupale, du travail thérapeutique que je soutiens, et qui vise explicitement la construction et l'épanouissement, se trouvent elles aussi prises dans un circuit de consolidation réciproque.

La liberté, la conscience et le désir sont des aspects différents d'une même réalité, celle du sujet responsable. Pour quitter la passivité malheureuse et nous tourner vers une activité joyeuse et assumée, il nous faut comprendre et dépasser la complicité qui nous faisait maintenir en place l'ancien mode d'existence. Pour cela, nous devons opérer un changement d'attitude mentale et relationnelle. Le patient, pour être en mesure d'élaborer lui-même le dégagement de ses blocages, doit d'abord reconstruire et développer sa conscience. La réflexion sur la liberté et le travail de la conscience contiennent en effet une véritable puissance d'arrachement. Mais il faut, pour canaliser ce dégagement et assumer notre part de création dans les valeurs et les situations qui nous définissent, développer une pratique thérapeutique concrète basée sur le lien humain et les expériences qu'il autorise. Les patients et le psychothérapeute peuvent ensemble donner plus de sens aux affects et plus de corps aux représentations, et ne pas craindre lors de ce voyage de vivre la tendresse dont la fonction sera justement de relier la vie émotionnelle et l'univers mental.

La visée thérapeutique défendue ici consiste en la recherche de principes pour l'action et de voies d'élaboration permettant non seulement de dépasser les expériences négatives mais aussi et surtout de construire une vie épanouie. Le but reste la reconstruction d'une vie meilleure non pour des principes abstraits et désincarnés mais pour des raisons existentielles concrètes. Il appartient au sujet de comprendre le passé et de contester le présent pour construire l'avenir. Il devra pour cela énoncer et assumer des préférences et deviendra alors, via l'alliance thérapeutique, son propre fondement.

L'aptitude à organiser et orienter sa propre existence sera le projet et le résultat de ce travail étayé sur une conception positive de l'être que qualifient le désir, la liberté et la réflexion. Prenant conscience qu'il est maître de son devenir et non l'objet d'un processus historique qui lui échappe et le dépasse, l'individu peut reprendre en main son destin et son efficacité intellectuelle. Cette tâche nécessite de faire l'expérience de soi comme substantialité, c'est-à-dire comme dynamisme, consistance et force. Chaque sujet a ainsi à inventer les modalités concrètes de réalisation de ses choix existentiels, en quelque sorte à inventer sa vie. Établir son autonomie et de nouvelles modalités relationnelles à soi et à autrui sont les deux facettes complémentaires de la réflexion menée conjointement avec le psychothérapeute.

Ainsi je tente d'*enrichir l'alliance thérapeutique par le développement de deux aspects : d'une part, la réflexion éthique sur le lien et, d'autre part, l'instauration d'une relation vive*. Toutes deux sont sources de fondation et de libération. L'équivalence entre les êtres, pilier important de cette alliance, se définit par la joie de la relation comme coopération et comme tendresse.

Ce qui est essentiel dans cette ouverture théorique et clinique est la possibilité offerte au patient de trouver-créer les conditions de son épanouissement. Elle ne met pas l'accent sur le sens tragique de l'existence et sur un primat *a priori* de l'angoisse et du souci de la mort. A bonne distance des doctrines pessimistes, notre entreprise consiste au contraire à mettre l'accent sur le désir de vivre et sur l'accroissement de la liberté de chaque sujet. Comme les philosophes de la joie (tels Spinoza et Misrahi), je n'ignore pas la souffrance. Mais je connais comme eux son caractère contingent, c'est pourquoi je traite du malheur *dans* l'existence et non du malheur de l'existence. Le sens profond de la souffrance n'est pas de nous rendre nobles et dignes, sa fécondité pédagogique consiste plutôt à nous révéler le désir de santé corporelle et psychique, le désir de plénitude et de joie.

Le désir étant dynamique par essence, l'individu ne peut être considéré comme une nature définitivement modelée par l'entourage et la société. Toute action est un choix et chacun peut dès lors inventer les valeurs qui dirigeront ses actions, et notamment inventer les conditions de son épanouissement.

Puisque la base éthique de notre pratique est le choix de la liberté, alors il faut convier chacun, surtout en psychothérapie, à se libérer, à assumer sa liberté. On ne peut appliquer à la conscience de méthodes déterministes et causalistes car c'est le sujet qui donne sens à ce qu'il construit.

La crise sera alors comprise comme une contestation radicale de la souffrance. Elle est l'expression extrême de la prise de conscience et de la protestation : « *La crise, comme acte d'un sujet, peut devenir dès lors l'acte du commencement. Nous voulons dire par là que, dans et par la crise, le sujet simultanément confronté à la joie désirée et au malheur présent, peut devenir par ses propres forces la source de sa renaissance* » (Misrahi, 1986, p. 22).

Pour moi comme pour cet auteur la liberté, la conscience, le désir et l'imagination sont une seule et même réalité : la personne concrète, le *je*. Par le travail réflexif et affectif mené coopérativement avec un psychothérapeute, et parfois dans la crise intérieure ou relationnelle, chaque patient peut quitter l'aliénation et la dépendance pour accéder à une liberté accrue et véritablement autonome. Ce renversement de la passivité en activité, en le rendant plus libre et plus efficace, le fait progressivement passer de l'angoisse du tragique au goût de vivre.

CONCLUSION

Interfaces

Le déroulement de pensée et d'écriture a été présenté au lecteur selon un itinéraire qui se voulait logique. Je suis parti d'exposés cliniques présentant quelques aspects de l'implication relationnelle, émotionnelle et expressive du patient et du psychothérapeute. Même si ces illustrations n'ont pas en elles-mêmes de valeur exemplaire, elles ont permis une compréhension plus concrète d'une partie du travail thérapeutique proposé. J'ai ensuite clarifié les bases philosophico-cliniques de l'alliance thérapeutique et commencé à donner un statut au lien tissé entre le patient et le psychothérapeute.

Résumons rapidement les principaux points.

L'implication relationnelle et le travail psychique qu'elle facilite furent les premiers points d'ancrage. Refusant l'attitude doctrinale qui consiste à réduire les questions de l'agir humain à une mécanique pulsionnelle, j'ai proposé qu'au lieu d'interdire il était plus fécond d'autoriser la mise en acte dans le cadre de travail. Tout d'abord cette mise en acte nous permet de recevoir les informations si précieuses qu'elle véhicule, ensuite elle donne progressivement au patient la possibilité de mettre en mots, puis en pensées liées entre elles, ce qui jusqu'à présent ne pouvait qu'être transformé en symptômes. La description d'une partie du parcours d'un patient (Julien) a permis la définition d'une stratégie thérapeutique spécifique : celle qui consiste en l'articulation d'un travail individuel et d'une approche groupale d'une part, d'un travail réflexif et d'une technique activatrice et émotionnelle d'autre part.

La psychothérapie étant un espace d'expression où s'actualisent puis s'élaborent et s'exorcisent les conflits conscients et non conscients, l'implication du patient (corporelle et émotionnelle mais aussi verbale et mentale) permet une utilisation accrue et améliorée de la relation au psychothérapeute et de l'aire expérientielle que celui-ci propose. Quand cette implication relationnelle est clairement cadrée, elle prépare, soutient et alimente le travail mental du sujet.

La trajectoire d'une patiente (Blandine), pour laquelle des aménagements du cadre et de la relation se sont avérés fructueux, fut alors décrite. Les variantes du dispositif thérapeutique, et notamment l'acceptation d'un contact corporel régulier, lui ont donné accès à un champ d'expérience qu'elle ne pouvait jusqu'alors contacter, encore moins utiliser. Une fois acquise cette aire de liberté et de tranquillité partagée, elle a pu communiquer des pensées et mentaliser des liens qui faisaient sens pour elle. D'un contact-sein apaisant à un contact-pensée structurant, tel fut son cheminement marqué par l'accès progressif à un état assumé de séparation.

Mettant alors en questionnement le tabou du toucher, j'ai soutenu l'intérêt de favoriser, sous la protection d'une règle de non-passage à l'acte agressif et/ou sexuel formulée par le psychothérapeute, l'extériorisation de mouvements énergétiques et émotionnels et notamment les besoins de rapprochement et d'éloignement, de contact et de rejet, l'expression de l'amour et de la haine. Ceci jusqu'à ce que la personne puisse intérioriser le lien et développer en elle un lieu mental d'épanouissement et de meilleure contention de sa vie pulsionnelle et fantasmatique.

Nombre de patients peinent à fonder un espace potentiel où puissent s'éprouver avec le moins d'insécurité possible des expériences aménagées de rupture transitoire, à valeur de dégagement. Pour eux, une pratique thérapeutique expérientielle et relationnelle offre un environnement facilitant et stimulant, visant la découverte et l'exploration concrète des conditions relationnelles singulières que le sujet recherche. La psychothérapie présentée consiste surtout en un *travail du lien* et intègre pour cela plusieurs courants (certaines doctrines philosophiques existentielles et/ou phénoménologiques, la psychanalyse, la gestalt-thérapie, la bio-énergie ainsi que quelques pratiques complémentaires). J'y exploite d'une manière qui doit être améliorée les conditions interactionnelles nécessaires à l'épanouissement du sujet adulte. Le travail de groupe est apparu comme un lieu de passage privilégié, mais non exclusif, menant du moi solitaire à l'homme solidaire, via le *nous* vécu et nommé par le psychothérapeute ; il fut décrit comme un espace potentiel particulièrement riche en voies thérapeutiques.

La valeur centrale de la communication comme espace et temps de liaison, de rencontre, comme outil de soins mais aussi comme possible source de ratages, fut à cet égard soulignée. De ce qui se communique, consciemment et inconsciemment, dépend la fructification ou non de la relation. Il est donc souhaitable de saisir et *d'utiliser* avec plus de précisions les différents niveaux de relation où s'opère l'échange. Mon travail n'est qu'une étape dans cette voie, étape consacrée à l'implication relationnelle dans la communication thérapeutique.

Finalement, *mon projet était de décrire non une nouvelle méthode mais une mentalité renouvelée.* La distance intime, ou l'implication distanciée, en constitue la base. Cette nouvelle mentalité repose sur le refus des simplifications réductrices et des alternatives stériles : nous n'avons plus à choisir entre le travail du transfert *ou* l'affectivité assumée, entre le dégagement *ou* l'engagement. Ces alternatives sont remplacées par des articulations, non pas *ou* mais *et* : reconnaissance du transfert *et* communication affective, implication dans le lien *et* réflexion distanciée vis-à-vis de ce lien. La composante clef consiste à savoir vivre la relation sans manipulation et sans renoncement, sur la base d'une tendresse liante qui n'exclut pas mais favorise au contraire l'abord des projections du patient et celui de l'ambivalence fondamentale de chacun.

Cet ouvrage s'inscrit dans la perspective d'une association stimulante des méthodes. Cette articulation vise le développement de pensées et de pratiques complexes dont le défi n'est pas de contrôler le réel mais de traiter et de mieux négocier avec lui. Elle n'est pas recherche de complication mais refus de la simplification. Elle n'est pas enlisement dans la confusion mais tentative de lier ensemble le désordre et l'organisation.

Aussi, pour terminer, je voudrais rappeler que deux interfaces m'intéressent plus particulièrement : il s'agit d'une part de l'articulation théorique et clinique entre la psychanalyse et les thérapies psycho-corporelles et d'autre part des rapports entre la philosophie éthique (c'est-à-dire la réflexion sur les valeurs qui régissent les choix pratiques) et la psychologie clinique. Quelques tentatives pour faire avancer la première viennent d'être rappelées et c'est la seconde que j'étudie spécifiquement à l'heure actuelle ; aussi, en guise de conclusion, voudrais-je créer une ouverture.

La pratique thérapeutique décrite pourrait s'articuler mieux encore avec une démarche de pensée philosophique. Je crois souhaitable de travailler plus spécifiquement les fondations philosophiques d'une psychothérapie active et relationnelle, finalement libératrice. La philosophie que notre époque requiert, à savoir une philosophie qui saurait intégrer l'une à l'autre l'épistémologie contemporaine et une doctrine existentielle positive, peine à apparaître. Elle est déjà prisonnière, avant même de naître, des tensions entre ses parents, l'un étant le souci d'objectivation scientifique et l'autre la reconnaissance du primat du subjectif ; coincée donc entre la science et l'expérience vive, entre l'expérimental et l'expérientiel.

La philosophie éthique et les théories de la psychothérapie ont pourtant pour base commune de réfléchir à la conduite de l'homme et aux conditions de son existence. La recherche philosophique de la vérité n'est pas séparable de la quête d'une existence sensée et substantielle. La philosophie est édifiante quand elle aide à vivre, quand elle permet à l'individu de forger sa propre pensée et ainsi d'exister plus librement.

C'est pourquoi mon projet consiste maintenant à relier une pensée philosophique sur les conditions de construction de la vie heureuse avec la définition concrète des modalités d'une pratique thérapeutique *cohérente* avec cette élaboration. Il s'inscrit donc dans cette exigence d'articulation entre d'un côté la logique réflexive et de l'autre le monde concret de la relation et des sentiments.

L'être incarné et relié à autrui reste le repère central tout aussi bien de la réflexion philosophique que de la pratique psychothérapique. Si une personne en souffrance peut difficilement se satisfaire de la lecture des philosophes pour vivre mieux de manière durable, il est vrai toutefois que bien des questionnements abordés durant une psychothérapie, une fois débarrassés des scories névrotiques comme dans le cas de la culpabilité, sont des interrogations existentielles profondes. Et bien des expériences vécues en séance ne peuvent être saisies et intégrées que dans le cadre d'une réflexion philosophique. C'est pourquoi ces deux disciplines sont complémentaires et peuvent être articulées.

Les thèmes de recherche que sont la relation et l'action doivent être mieux étudiés et plus encore leurs liens avec le processus de libération. La joie pourrait également faire l'objet d'une recherche, à la fois comme base des rencontres avec les personnes accompagnées thérapeutiquement et comme modalité de pensée. Elle serait alors définie et utilisée comme une manière active, relationnelle et libératrice d'exister, c'est-à-dire comme un mode thérapeutique d'être.

Bibliographie

ANZIEU, D.
— 1979, « La démarche de l'analyse transitionnelle en psychanalyse individuelle », in Kaës et coll., *Crise, rupture et dépassement*, p. 184-219.
— 1985, *Le Moi-peau*, Paris, Dunod.
— 1986, *Une peau pour les pensées*, Éditions Clancier-Guénaud.

BALANDIER, G.
— 1988, *Le désordre, éloge du mouvement*, Fayard.

BALINT, M.
— 1952, tr. fr., *Amour primaire et technique psychanalytique*, Paris, Payot, 1973.
— 1967, tr. fr., *Le défaut fondamental*, Paris, Payot, 1977.

BERNARD, M.
— 1976, *L'expressivité du corps*, J.-P. Delarge.

BION, W.R.
— 1962, *Aux sources de l'expérience*, tr.fr., Paris, PUF, 1979.
— 1962, « Une théorie de l'activité de pensée », in *Réflexion faite*, 1967, tr. fr., 1983, Paris, PUF.

BLOCH, E.
— 1959, *Le principe espérance*, tome I, Gallimard, 1976 pour la traduction française.

BRES, Y.
— 1985, *Critique des raisons psychanalytiques*, Paris, PUF.

BROUSTRA, J.
— 1988, *Expression et psychose*, Paris, ESF.
— 1991, *Écrits sur l'expression*, Cahiers de l'art cru, n° 14.

BRUSSET, B.
— 1988, *Psychanalyse du lien, la relation d'objet*, Éditions du Centurion, Paris.

BUBER, M.
— 1938, *Je et Tu*, Paris, Aubier.

DELOURME, A.
— 1993, *Agir et mentalisation : la fonction transitionnelle de la mise en expression en psychothérapie d'adultes*, thèse de doctorat en psychologie, université Paris VII.

DEVEREUX, G.
— 1967, *From Anxiety to Method in the Behavioral Sciences*, Mouton et École Pratique des Hautes Études. Tr. fr., *De l'angoisse à la méthode*, Paris, Flammarion, 1980.

DONNET, J.-L.,
— 1973, « Le divan bien tempéré », *Nouvelle Revue de psychanalyse*, n° 8, p. 23-50.

DUBOR, P.
— 1971, « Dissociation de l'économique et du sens chez le psychotique : utilisation du réel dans l'agir », *R.F.P.*, n° 5-6, p. 1059-1081.
— 1981, « Aspects du réel dans l'outsight et le procès de mentalisation », *Bulletin de psychologie*, n° 350, p. 564-569.
— 1988, « Du cadre analytique au cadre de l'agir, ou : il y a plusieurs demeures dans la maison du père... », Communication au colloque de fin d'année du Groupe Lyonnais de Psychanalyse, juin 1988.
— 1989, « L'étayage du fonctionnement mental par le groupe et par l'espace potentiel de l'agir considéré comme modalité transitionnelle », in *Revue Française de Psychiatrie*, tome 7, n° 1.
— 1991, « Place de l'agir et de l'interprétation dans les psychothérapies », *Revue Française de Psychanalyse*, 3, p. 733-754.

FAIN, M.
— 1974, « La fonction "pare-excitations" », in Kreisler, Fain et Soulé, *L'enfant et son corps*, Paris, PUF, p. 329-333.

FERENCZI, S.
— *Œuvres complètes*, tome III et IV, Paris, Payot, 1974 et 1982.
— 1932, *Journal Clinique*, Paris, Payot, 1985.

FREUD, S.
— 1895, « Esquisse d'une psychologie scientifique », in *La naissance de la psychanalyse*, 1956, PUF, p. 307-396.
— 1900, *L'interprétation des rêves*, Paris, PUF, 1950.
— 1904-1918, *La technique psychanalytique*, Paris, PUF, 1953.
— 1915, « L'inconscient », in *Métapsychologie*, Paris, Gallimard, 1968.
— 1937, « Analyse terminée et analyse interminable », in *Résultats, idées, problèmes*, tome II, PUF, 1985, p. 231-268.

GERIN, P.
— 1984, *L'évaluation des psychothérapies*, PUF.

GERIN, P., DAZORD, A.
— 1992, *Recherches cliniques planifiées sur les psychothérapies, méthodologie*, Paris, Inserm.

GINGER, S. et A.
— 1987, *La gestalt, thérapie du contact*, Paris, Hommes et Groupes éditeur.

GREEN, A.
— 1972, « Note sur les processus tertiaires », *Revue Française de Psychanalyse*, Tome XXXVI, n° 3, p. 407-410.
— 1973, *Le discours vivant*, Paris, PUF.
— 1990, *La folie privée. Psychanalyse des cas limites*, Paris, Gallimard.

HAYNAL, A.
— 1987, *La technique en question*, Paris, Payot.

HUSSERL, E.
— 1929, *Méditations cartésiennes. Introduction à la phénoménologie*, Paris, Vrin, 1969.

KAES, R.
— 1979, (en collaboration) *Crise, rupture et dépassement*, Paris, Dunod.
— 1985, « La catégorie de l'intermédiaire chez Freud : un concept pour la psychanalyse ? », *L'évolution psychiatrique*, 50, 4, p. 893-926.

KASPI, R.
— 1979, « L'histoire de la cure psychanalytique de Madame Oggi », in Kaës et coll., *Crise, rupture et dépassement*, p. 147-183.

LAPLANCHE, J. et PONTALIS, J.-B.
— 1967, *Vocabulaire de la psychanalyse*, Paris, PUF, 7e édition 1981.

LISS, J.
— 1974, tr. fr., *Débloquez vos émotions*, nouvelle édition Far éditeur, Lausanne, 1992.

LISS, J. et STUPIGGIA, M.
— 1996, *La thérapie biosystémique*, Hommes et perspectives, Martin Média.

LOWEN, A.
— 1975, tr. fr., *La bio-énergie*, Tchou, 1976.

MARC, E.
— 1981, *Le guide pratique des nouvelles thérapies*, Paris, Retz.
— 1987, *Le processus de changement en thérapie*, Paris, Retz.

MARCELLI, D.
— 1986, *Position autistique et naissance de la psyché*, Paris, PUF.

MISRAHI, R.
— 1983, *Éthique, politique et bonheur*, Paris, Seuil.
— 1986, « Le désir, l'itinéraire et la joie », *Psychiatrie française*, 6, p. 17-27.
— 1992, *Les actes de la joie : fonder, aimer, agir*, Paris, PUF.
— 1994, *La problématique du sujet aujourd'hui*, Encre marine.
— 1995, *La signification de l'éthique*, Les empêcheurs de penser en rond.

MORIN, E.
— *La Méthode* (1. *La nature de la Nature*, 1977 ; 2. *La Vie de la Vie*, 1980 ; 3. *La Connaissance de la Connaissance*, 1986 ; 4. *Les idées*, 1991), Paris, Seuil.
— 1990, *Introduction à la pensée complexe*, Paris, ESF.
— 1994, *La complexité humaine*, Paris, Flammarion.

NACHT, S.
— 1963, « Les facteurs de guérison dans le traitement psychanalytique », in *La présence du psychanalyste*, Paris, PUF, p. 177-190.

PAGES, M.
— 1965, *L'orientation non directive en psychothérapie et en psychologie sociale*, Paris, Dunod.
— 1968, *La vie affective des groupes*, Paris, Dunod, édition de 1984.
— 1977, *Le travail amoureux*, Paris, Dunod.
— 1986, *Trace ou sens*, Paris, Hommes et Groupes éditeurs.
— 1993, *Psychothérapie et complexité*, Paris, Desclée de Brouwer.

PINOL-DOURIEZ, M.
— 1984, *Bébé agi-Bébé actif : l'émergence du symbole dans l'économie interactionnelle*, Paris, PUF.

PONTALIS, J.-B.
— 1975, « Trouver, accueillir, reconnaître l'absent », préface à Winnicott, *Jeu et réalité*, Gallimard, p. VII-XV.

PRAYEZ, P.
— 1994, *Le toucher en psychothérapie*, Paris, Hommes & Perspectives/Desclée de Brouwer.

REICH, W.
— 1933, tr. fr., *L'analyse caractérielle*, Paris, Payot, 1979.
— 1940, tr. fr., *La fonction de l'orgasme*, L'arche éditeur, Paris, 1970.

RICŒUR, P.
— 1965, *De l'interprétation, essai sur Freud*, Paris, Seuil.

— 1966, « Le conscient et l'inconscient », in *L'inconscient*, sous la direction de Henri Ey, Paris, Desclée de Brouwer, p. 409-422.
— 1986, *A l'école de la phénoménologie*, Paris, Vrin.

ROGERS, C.R.
— 1961, tr. fr., *Le développement de la personne*, Paris, Bordas, 1968.

ROUSTANG, F.
— 1980, *Elle ne le lâche plus*, Paris, Minuit.

SCHMID-KITSIKIS, E.
— 1985, *Théorie et clinique du fonctionnement mental*, Liège, Mardaga éditeur.

SEARLES, H.
— 1976, « Les phénomènes transitionnels et la symbiose thérapeutique », in *Le contre-transfert*, Gallimard, 1981, p. 153-213.

SYNDICAT NATIONAL DES PRATICIENS DE LA PSYCHOTHERAPIE
— 1996, *Profession psychothérapeute*, Paris, Buchet/Chastel.

VAN RILLAER, J.
— 1980, *Les illusions de la psychanalyse*, Mardaga.

WINNICOTT, D.W.
— 1969, *De la pédiatrie à la psychanalyse*, Paris, Payot.
— 1971, *Playing and reality*, London, Tavistock, tr. fr., *Jeu et réalité*, Paris, Gallimard, 1975.

Afin de développer les échanges sur le thème de la relation d'aide, l'auteur apprécierait de recevoir vos commentaires sur sa recherche.

Vous pouvez le joindre à l'adresse suivante :

Alain DELOURME

4, rue Nungesser
78500 Sartrouville

Achevé d'imprimer le 8 avril 1997
dans les ateliers de Normandie Roto Impression s.a.
61250 Lonrai
pour le compte des Éditions Desclée de Brouwer
N° d'imprimeur : 970683
Dépôt légal : avril 1997

Imprimé en France